北京会展业发展报告（2022）

中国国际贸易促进委员会北京市分会
北京市统计局　编

中国商务出版社
CHINA COMMERCE AND TRADE PRESS

图书在版编目（CIP）数据

北京会展业发展报告. 2022 / 中国国际贸易促进委员会北京市分会，北京市统计局编. —北京：中国商务出版社，2022. 12

ISBN 978-7-5103-4465-7

Ⅰ.①北… Ⅱ.①中… Ⅲ.①展览会—产业—区域经济发展—研究报告—北京—2022 Ⅳ.①G245

中国版本图书馆 CIP 数据核字（2022）第 189516 号

北京会展业发展报告（2022）
BEJJING HUIZHANYE FAZHAN BAOGAO

中国国际贸易促进委员会北京市分会
北京市统计局　编

出　　版：中国商务出版社
地　　址：北京市东城区安外东后巷 28 号　　邮　　编：100710
责任部门：商务事业部（010-64269744　bjys@cctpress.com）
责任编辑：张高平
直销客服：010-64266119
总 发 行：中国商务出版社发行部（010-64208388　64515150）
网购零售：中国商务出版社淘宝店（010-64286917）
网　　址：http://www.cctpress.com
网　　店：https://shop162373850.taobao.com
排　　版：北京天逸合文化有限公司
印　　刷：廊坊蓝海德彩印有限公司
开　　本：710 毫米×1000 毫米　1/16
印　　张：15.5　　　　　　　　　　字　　数：248 千字
版　　次：2022 年 12 月第 1 版　　　印　　次：2022 年 12 月第 1 次印刷
书　　号：ISBN 978-7-5103-4465-7
定　　价：69.00 元

北京会展业发展报告 （2022）

中国国际贸易促进委员会北京市分会 编
北京市统计局

中国商务出版社
CHINA COMMERCE AND TRADE PRESS

图书在版编目（CIP）数据

北京会展业发展报告. 2022／中国国际贸易促进委员会北京市分会，北京市统计局编. —北京：中国商务出版社，2022.12

ISBN 978-7-5103-4465-7

Ⅰ.①北… Ⅱ.①中… Ⅲ.①展览会—产业—区域经济发展—研究报告—北京—2022 Ⅳ.①G245

中国版本图书馆 CIP 数据核字（2022）第 189516 号

北京会展业发展报告 （2022）
BEJJING HUIZHANYE FAZHAN BAOGAO

中国国际贸易促进委员会北京市分会
北京市统计局 编

出　　版：中国商务出版社
地　　址：北京市东城区安外东后巷 28 号　　邮　　编：100710
责任部门：商务事业部（010-64269744　bjys@cctpress.com）
责任编辑：张高平
直销客服：010-64266119
总 发 行：中国商务出版社发行部（010-64208388　64515150）
网购零售：中国商务出版社淘宝店（010-64286917）
网　　址：http://www.cctpress.com
网　　店：https://shop162373850.taobao.com
排　　版：北京天逸合文化有限公司
印　　刷：廊坊蓝海德彩印有限公司
开　　本：710 毫米×1000 毫米　1/16
印　　张：15.5　　　　　　　　　　字　　数：248 千字
版　　次：2022 年 12 月第 1 版　　　印　　次：2022 年 12 月第 1 次印刷
书　　号：ISBN 978-7-5103-4465-7
定　　价：69.00 元

北京会展业发展报告（2022）
编委会

前言 PREFACE ▶ ▶ ▶

党的二十大强调，高质量发展是全面建设社会主义现代化国家的首要任务，必须完整、准确、全面贯彻新发展理念，坚持社会主义市场经济改革方向，坚持高水平对外开放，加快构建以国内大循环为主体、国内国际双循环互相促进的新发展格局。

会展业是构建现代市场经济体系和开放型经济体系的重要平台，在推动构建新发展格局、实现更高质量发展和更高水平开放方面有着独特的行业优势。北京会展业在优化提升服务首都功能、加强"四个中心"功能建设、推进"两区"建设、促进"五子"联动、深化国际合作、实现高质量发展的进程中，迎来了关键的战略发展期。

为全面反映 2021 年北京会展业发展状况，促进首都会展业持续稳定健康发展，更好地助力北京会展企业开拓市场，推动形成多元化、宽领域、高层次的办展参展新格局，北京市贸促会积极发挥其会展业促进职能，与北京第二外国语学院汇集各方专家力量组成编写组，开展相关研究，编写了《北京会展业发展报告（2022）》。

《北京会展业发展报告（2022）》分为总报告、宏观观察、重点会展、商业会展、专项研究以及典型案例等部分，分别对 2021 年北京会展业进行了系统分析，对"十四五"时期行业前景进行了展望，对"三平台"年度情况做了概述，对商业会展进行了探讨。同时结合当前发展形势，对北京会展业高质量发展、文化会展业发展新态势、数字经济促进会展业发展的路径、知名政府主导型展会的发展策略，以及会展业人才培养模式创新等进行了专题研究。此外，还对北京市的一些重要会展企业和会展项目做了案例介绍。

在编写《北京会展业发展报告（2022)》过程中，我们得到了产学研各领域专家学者和商务、文旅、科技、统计等部门的指导与帮助，以及中国商务出版社的大力支持，在此一并表示衷心感谢。

本报告难免存在疏漏和不足，恳请广大读者批评指正。

编　者

2022 年 11 月

目 录 CONTENTS ▶ ▶ ▶

第一部分　　总　报　告

2021北京会展业发展报告

王海文*

摘　要：2021年是北京会展业步入"十四五"规划的开局之年。面对不确定的外部环境，以及新冠肺炎疫情的持续影响，北京会展业积极应对挑战，在强化战略功能、深化数字化转型、培育专业化品牌等方面做出了积极探索，与国内其他会展业发达城市相比，在行业面临疫情等重大突发事件时的应对能力，会展活动效能，以及首都会展特色化、差异化、市场化和国际化发展等方面，仍需进一步提高。为此，发展北京会展业，更加需要保持战略定力，多措并举增强行业发展信心，通过提升应对和治理能力来改善产业生态，培育会展品牌，加快探索数字赋能，加速消费扩容提质，增强会展业承载力，以及推进人才培养创新等，不断探索北京会展业发展新模式，开创会展业发展新格局。

关键词：会展业　北京　数字化

2021年，世纪疫情和百年变局叠加，令全球会展业发展环境更加复杂和不确定。根据全球展览业协会（UFI）发布的《2021年全球复苏洞察》报告，参展商和参观者需求已恢复到新冠肺炎疫情前的水平，72%的现有参观者及62%的参展商计划在未来，以相同或更高频率参加贸易展览。[①]

---

　*　王海文：复旦大学经济学博士，北京第二外国语学院经济学院教授、副院长，中国服务贸易协会专家委员会副理事长，中国国际贸易学会理事，首都国际服务贸易与文化贸易研究基地研究员，国家文化贸易学术研究平台专家，北京国际经济贸易学会理事。感谢北京第二外国语学院经济学院刘大可教授对本文提出的宝贵意见和建议。

　①　中国国际贸易促进委员会《中国展览经济发展报告2021》。

在全球会展业持续复苏走势之下，2021 年我国会展业发展也取得一定进步。以展览为例，依据中国国际贸易促进委员会发布的《中国展览经济发展报告 2021》，我国展览业在 2020 年基础上继续恢复发展。据不完全统计，2021 年我国境内共举办经贸类展览 2949 个，比上年增长 48.6%；展览总面积 9299 万平方米，比上年增长 27.2%。2021 年我国首次牵头提案制定会展国际标准，数字会展蓬勃发展，新业态、新模式加快创新，实现了"十四五"良好开局。

就北京而言，深化"四个中心"城市功能定位，高标准推进"两区"和"三平台"建设，实现"五子"联动，不仅对北京会展业发展提出了更高要求，也为建设国际会展之都提供了强劲动力。2021 年，北京会展业在应对疫情影响、服务首都发展、完善基础设施、促进规模扩大、培育专业品牌、推进数字化转型、优化营商环境等方面获得了提升。但是在发展中还面临多方面问题，需要采取更加有效的措施，积极应对各种难题和问题，推动北京会展业在新时代实现更高质量发展。

一、北京会展业发展现状

2021 年，新冠肺炎疫情仍在持续。在常态化疫情防控和会展业复苏背景下，北京会展业在危机中不断孕育新机，更加积极主动融入经济社会发展大局，呈现出战略功能强化、数字化转型深化、专业化品牌培育加强等新特点，为"十四五"时期北京会展业高质量发展打下了坚实的基础。

（一）服务首都战略功能持续强化

会展业作为高端服务业的重要行业领域，在推动城市和区域经济发展中具有独特功能和作用。尤其在高度联通的社会，可以通过会展这一独特的产业形式和平台通道实现资源、要素、产品和服务的汇聚和流动。随着会展业的发展壮大和产业结构的持续优化，会展业与蓬勃发展的平台经济、数字经济深度融合，与城市生产生活的方方面面紧密联系在一起，使其战略功能更加凸显。就北京而言，与国内其他城市最大的不同点是北京作为国家的首都，拥有独特的功能定位和鲜明的城市特点。发挥首都优势，应该成为北京会展业发展的重要立足点和着力点。在服务首都和国家战略实践中，北京会展业的特色化、专业化和品牌化发展更有基础和保障。会展业也应该加速实现转型升级，更好地服务首都经济高质量发展。

在国际交往中心建设中，中国国际服务贸易交易会、中关村论坛、金融街论坛成为北京汇聚国内外高端要素，对外交往示范引领的展示窗口和重要承载平台。科博会与中关村论坛的展论一体举办，对于会展推动城市功能定位的融合互促和系统提升具有积极作用。举办世界机器人大会、世界智能网联汽车大会、中国国际机床展览会（CIMT）等各类国际性前沿科技展会，为提升北京高技术产业和新兴产业国际化程度和品牌影响力，促进科技创新中心建设提供了有力抓手。通过北京国际电影节、北京国际音乐节、北京国际图书节、北京国际设计周、北京国际时装周、中国（北京）演艺博览会等文化会展活动，推动了全国文化中心建设，持续提升了北京城市文化软实力和国际影响力。通过建设国家会议中心二期、新国展二期，打造顺义国际会展集聚区等大型会务基础设施，有力支撑国家政治、外交等主题活动，不断强化首都政治中心建设。与此同时，在国际消费中心城市、全球数字经济标杆城市和"两区"建设战略实践中，北京会展业的战略作用都在持续加强，形成了鲜明的北京会展业发展特色。

（二）会展基础设施逐步完善

会展基础设施状况是影响会展活动的重要因素。"十三五"时期北京市新增北京亦创国际会展中心、金海湖国际会展中心、首钢园展馆等展览场馆，新增展览面积14.4万平方米，其中室内面积13.5万平方米。北京市现有万平方米以上展览场馆9座（参见表1），可供展览面积共计54.48万平方米，其中室内展览面积39.38万平方米，室外展览面积15.1万平方米①。相关各区室内展览面积占比如图1所示。

---

① 北京市商务局《北京市"十四五"时期会展业发展规划》。

表1 北京市万平方米以上主要会展设施

单位：平方米

序号	展馆名称	总面积	室内展览面积	室外展览面积	区位
1	中国国际展览中心（顺义馆）	176800	106800	70000	顺义区
2	首钢园展馆	94000	85000	9000	石景山区
3	全国农业展览馆	71000	21000	50000	朝阳区
4	中国国际展览中心（朝阳馆）	59000	53000	6000	朝阳区
5	国家会议中心	42000	42000	—	朝阳区
6	北京亦创国际会展中心	35000	35000	—	经开区
7	北京展览馆	32000	22000	10000	西城区
8	金海湖国际会展中心	20000	14000	6000	平谷区
9	北京雁栖湖国际会展中心	15000	15000	—	怀柔区
合计		544800	393800	151000	—

数据来源：中国会展经济研究会：《2020年度中国展览数据统计报告》。

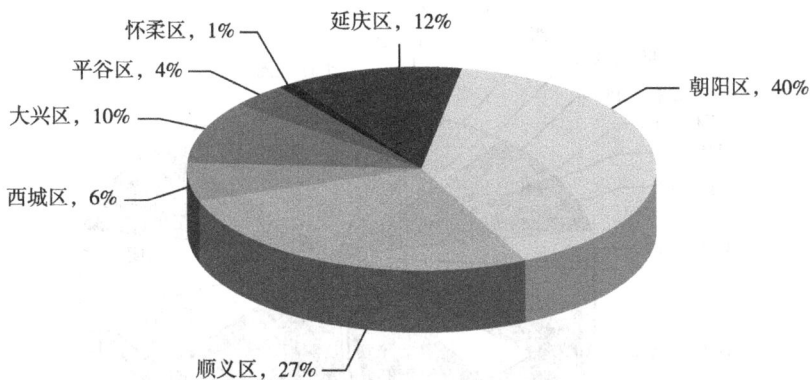

图1 北京市各区室内展览面积占比

数据来源：中国会展经济研究会：《2020年度中国展览数据统计报告》。

2021年以来，北京市持续优化会展设施空间布局。依据北京市商务局发布的《北京市"十四五"时期商业服务业发展规划》，提出优化会展设施空间布局，立足北京"四个中心"建设和首都会展业未来发展需求，以推动北京市"两区"建设为契机，充分利用航空枢纽优势，在城市北部北京首都国际机场周边，依托新国展一期、二期以及配套设施项目，打造功能完善的组团式会展综合体；在城市南部大兴国际机场周边，打造配套齐全、设施一流、业态融合、区域辐射带动作用强的会展产业集聚区。进一步提升奥体、北展、国展、农展馆、亦庄等会展片区原有设施功能，形成功能完善、服务优良、充满活力的会展发展新格局。根据北京市统计局数据，2021 年北京市接待场所会议室个数 5276 个，相比 2020 年增加了 0.4%，接待场所会议室使用面积 84.1 万平方米，相比 2020 年增加了 1.3%①。总体来看，2021 年北京会展基础设施仍在持续改善。

（三）会展规模稳中有进

2021 年，虽受新冠肺炎疫情影响，北京会展规模仍然实现稳中有增，成绩来之不易。以展览为例，《2021 年度中国展览数据统计报告》显示，2021 年全国展会市场恢复至疫情前 7 成，展览数量、规模均有一定程度恢复。其中，展览数量达 1603 场，同比增长 13%，为 2019 年的 69.4%；展览总面积 7410 万平方米，同比增长 18%，为 2019 年的 74.2%。数字化手段为展览赋能，纯线上展会占比下降，双线办展比例增加。②

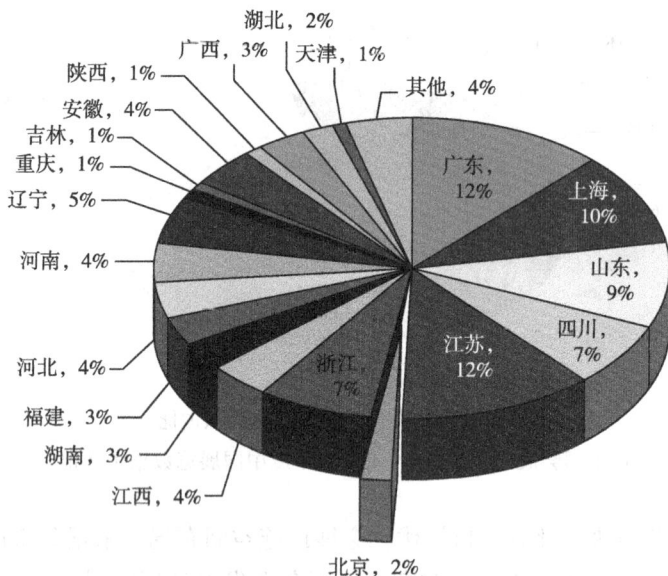

图 2　2021 年全国主要省/直辖市展览数量占比

数据来源：中国会展经济研究会：《2021 年度中国展览数据统计报告》。

---

① 北京市统计局。
② 中国会展经济研究会：《2021 年度中国展览数据统计报告》。

表2显示的是2021年全国各省区市展览数量和展览规模情况。从展览面积上看，北京居第6位（参见图2）。

表2 2021年全国主要省（自治区、直辖市）展览数量和展览规模情况

序号	省（自治区、直辖市）	展览面积（万平方米）	展览面积全国占比（%）	展览数量（场）	展览数量全国占比（%）	展览平均面积（万平方米）
1	广东	1539.93	16.77	640	11.65	2.41
2	上海	1086.02	11.83	542	9.86	2.00
3	山东	833.53	9.08	489	8.90	1.70
4	四川	720.28	7.84	394	7.17	1.83
5	江苏	584.51	6.36	675	12.28	0.87
6	北京	533.40	5.81	124	2.26	4.30
7	浙江	447.98	4.82	384	6.95	1.16
8	江西	399.02	4.34	209	3.80	1.91
9	湖南	281.75	3.07	183	3.33	1.54
10	福建	273.00	2.97	184	3.35	1.48
11	河北	259.94	2.83	194	3.53	1.34
12	河南	251.80	2.74	226	4.11	1.11
13	辽宁	232.89	2.54	269	4.90	0.87
14	重庆	208.82	2.27	81	1.47	2.58
15	吉林	207.16	2.26	56	1.02	3.70
16	安徽	199.85	2.18	236	4.29	0.85

数据来源：中国会展经济研究会：《2021年度中国展览数据统计报告》。

统计数据显示，2021年北京举办展览数量124场，展览总面积533.4万平方米，相比2020年北京举办展览数量89场，展览总面积178万平方米，同比增长了39%和200%，呈现出疫情防控常态化下，展览总供应量持续增长的态势。

依据北京市统计局相关数据，2021年北京接待会议个数14.5万个，接待会议人数868.2万人次，与2020年相比分别增长24.4%和14.3%。会展收入194.9亿元，相比2020年增长26.7%。其中会议收入95.4亿元，

相比 2020 年增长 17.9%；展览收入 97.8 亿元，增长 36.2%。[①] 图 3 显示的是 2016—2021 年北京市会展收入变化，可见 2021 年北京会展业复苏较为明显，展现了北京市会展业的发展韧性和活力。例如，2021 年，中国国际服务贸易交易会（简称服贸会）首次以"一会两馆"形式举办，吸引了来自 153 个国家和地区的 1.2 万余家企业线上线下参展参会，达成各类成果 1672 个，参与的国家比上届增加 5 个，企业数量增加了 4500 余家[②]，参展参会企业数量和国际化程度均超过上届水平，其中专题展线下参展企业世界 500 强、行业龙头企业占比达 30%，比上届提高 21 个百分点。

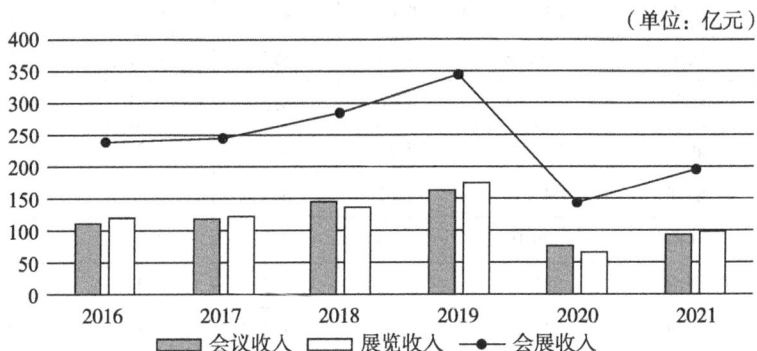

（单位：亿元）

图 3　2016—2021 年北京市会展收入变化

数据来源：北京市统计局；《北京统计年鉴》（2017—2022）。

（四）国际会议优势较为明显

国际大会及会议协会（ICCA）国际会议研究及培训中心（CIMERT）发布《2021 全球会议目的地竞争力指数报告》，对中国 37 个样本城市的会议目的地城市竞争力指数进行了分析研究，北京市排名全国（含港澳台）第四位，在大陆地区城市中位居第二。就展览而言，2021 年北京市接待国际展览 64 个，相比 2020 年增长 106.5%，国际展览面积累计 234.3 万平方

---

① 北京市统计局。
② 周宇宁：《服贸会，成为新形势下举办大型展会的成功案例》，中国经济网，http://www.ce.cn/xwzx/gnsz/gdxw/202109/07/t20210907_ 36890864.shtml.

米，相比 2020 年增长 330.8%[①]，显示出北京在国际会展方面的基础和发展潜力。随着《区域全面经济伙伴关系协定》（RCEP）于 2022 年 1 月 1 日起正式生效，未来北京境外会展将更多聚焦 RCEP 国家。同时伴随我国双边、区域性会展的进一步加强，区域合作也为北京会展业带来新机遇，双边、区域性会展平台以及地区性特色会展在北京会展业中占据更重要的地位。

（五）数字会展快速发展

数字技术的广泛应用，加之新冠肺炎疫情影响的催动，数字会展以及线下会展的数字化转型趋势愈加明显。全球展览业协会（UFI）发布了第 29 版《UFI 全球展览行业晴雨表》，该报告对未来展览模式的发展趋势进行了调查。61%受访者认为，应推动线上与线下相结合的展览模式并注入更多数字化元素。31%的受访者认为，国际实体展和参展商将会减少。6%的受访者认同虚拟展会正在取代实体展会。2021 年 UFI 发布的第二版《行业合作伙伴基准调查报告》显示，66%的受访者在未来会展活动中对虚拟现实的应用有很高需求，59%的受访者对撮合交易有较高需求。

北京在建设全球数字经济标杆城市的过程中，大力推动会展业的数字化转型以及数字会展的发展，通过数字会展融汇线上线下，联结国内国际数以万计的参展商，助力海内外企业保持和拓展国际贸易渠道。2021 年"云上服贸会"突破时间、空间、语言的限制，实现了云上"展、论、洽"三大主题场景的技术创新，就是很好的例证。

（六）专业化品牌培育不断加强

北京市会展业在推动高质量发展过程中，高度重视专业化发展和品牌培育，形成了一系列会展平台和会展品牌。2021 年 8 月，首都会展集团成立，"三平台"建设，国际会展集聚区打造，特别是举办与北京产业优化升级密切相关的专业主题展等多个方面，展现出北京在会展专业化品牌培育方面的不懈努力。

---

① 北京市统计局。

在国际上，专业性会展品牌成长已成为会展业发展的重要趋势。《中共中央关于制定国民经济和社会发展第十四个五年规划和二〇三五年远景目标的建议》明确提出，要"扩大战略性新兴产业投资""打造新兴产业链"。未来北京会展业聚焦新材料、高端装备、新一代互联网、新能源汽车等新兴产业领域，举办具有全球影响力的专业性品牌展会空间广阔。

与此同时，新国风、新国货等消费潮流和消费模式的升级也将形成新的蓝海，新消费领域会展将释放新动能。消费结构升级为北京会展业提供了新商机，与大健康和大娱乐相关的高水平专业品牌会展正不断增长，为专业化品牌会展的培育提供了难得的契机。

（七）会展业营商环境不断优化

营商环境优化是北京会展业高质量发展的重要保障。在世界银行和国内主流机构发布的城市营商环境排名中，北京近年来都处于全国前列。作为世界银行营商环境评价样本城市，北京连续两年在国家营商环境评价中综合排名位列第一，为中国排名的大幅提升做出了"北京贡献"。

当前北京深化"放管服"改革，推出了一系列改革措施，监管执法不断规范，法治保障更加坚实有力，群众办事便利度得到提升，取得了良好成效。北京被纳入国家营商环境创新试点城市，连续出台了优化营商环境1.0版到5.0版系列改革政策。改革的重点转向涉企经营许可办理、公共资源交易、反垄断执法等方面，提出要加大对中小企业参与公共资源交易的支持力度，为中小企业提供更加公平的竞争条件。营商环境的持续优化，为北京会展业健康快速发展带来了重要推动力。怀柔区在2021年服贸会上，全面展示了怀柔科学城、国际会都、中国影都和怀柔特色产业园区的建设成果，重大项目的签约，也印证了优化的营商环境加速外资企业落户。[①] 顺义区紧跟首都营商环境优化改革创新步伐。首都机场临空经济区在推动的以航空服务为主导，以跨境贸易、商务会展、科技服务和产业金融为支撑的产业体系特色更加鲜明。北京整体营商环境的优化，为会展业

---

① 周宇宁《北京怀柔：优化营商环境，服贸会上再签大项目》，中国经济网，http://expo.ce.cn/gd/202109/09/t20210909_ 36899109.shtml.

发展创造了良好的条件。

二、北京会展业存在的主要问题

2021 年，北京会展业在与国家和首都发展同频共振、不断创新的过程中，面对危机和挑战实现高质量发展的态势愈加明显，但就自身发展而言，仍存在多方面问题和不足。

（一）行业应对疫情等重大突发事件的能力有待提升

会展业集聚性特征突出，疫情的不确定性致使会展延期或取消，产生难以挽回的损失。长久下去，必将严重打击会展业从业者信心，导致会展企业艰难维持甚至倒闭破产，会展人才流失加剧等不良后果。因此需要采取更加积极有效的措施加以应对。与国内其他城市相比，北京在应对疫情、推动会展业发展方面面临更大的压力、更多的挑战。这些压力和挑战不仅在于超大城市需要具备强大的治理能力，以及应对突发事件和风险的能力，而且需要始终站在首都城市功能定位上思考问题。尤其是在高度联通的社会和高水平开放经济条件下，北京会展业发展面对的环境会更加复杂，相应的能力要求自然会更高。从目前情况来看，虽然北京在应对疫情方面出台了一系列举措，产生了积极效果，但是疫情反复造成的影响持续显现，会展业信心的维持、人才的维护、生存的保障受到严峻挑战，急需从短期和长期探索建设北京会展业应对疫情等重大突发事件的机制和路径。

（二）北京会展特色化、差异化发展亟须加强

北京会展业的独特优势是地处首都，面向京津冀城市群，产业发展空间广阔。但是在推进会展业发展，建设国际会展之都的过程中，不仅面临日益激烈的国内外竞争，而且必须面对数字科技革命、产业演进升级等变革和挑战。根据表 3 显示的中国城市会展业发展综合指数评价排序，不难发现，虽然北京排名第二，但是在诸多方面存在短板和不足。充分利用和发挥优势，走特色化、差异化的会展产业发展之路，应该成

为北京的理性选择。

此外，北京会展业虽然在服务首都战略功能方面持续强化，然而在培育龙头企业、加强专业化品牌力度方面仍有待进一步强化。会展产业的战略着力点、增长点，以及具有北京特色的战略发展格局还未清晰，亟需进一步加强。

表3　中国城市展览业发展综合指数评价排序

按综合指数排序	1	2	3	4	5
	上海	北京	广州	深圳	成都
展览数量（场）	231	124	209	105	242
展览总面积（万平方米）	1086	533.4	684	503	427
境内办展主体	232	171	111	22	44
境外展览数量（场）	—	5	—	—	—
境外办展主体	—	1	—	—	—
展馆数量	8	9	5	3	3
展览面积（万平方米）	79	33	49	61	33
政府、社团、研究机构	9	9	10	3	8
会展研究会会员数（人）	68	185	25	16	32
IAEE 组织成员	5	1	1	4	7
UFI 成员	31	28	18	15	31
UFI 认证项目	29	5	10	18	13
TOP3 项目	100	38	66	50	21
TOP100 项目	33	9	13	14	6
本科院校	8	6	8	1	8
专科院校	16	12	31	—	21
综合指数	393.4	378.8	258.5	192.5	172.6

数据来源：中国会展经济研究会：《2021年度中国展览数据统计报告》。

（三）北京会展市场化程度有待增强

会展产业可持续健康发展，需要政府的指导、支持和推动，更需要在市场经济环境中，充分发挥市场配置资源的决定性作用，通过市场相关机制汇聚资源要素，形成符合产业发展规律和发展趋势的生态环境，持续提

升会展产业市场化程度和水平，增强会展业发展的动力和潜力。目前北京会展产业在推动政府主导型会展的同时，通过市场化途径加强会展产业链各要素集聚、协同，以及产业能级整体提升方面仍存在不足；在促进包括商业会展在内的各类会议、展览和节庆活动的繁荣发展，以及与文化、旅游、康养等其他产业的融合方面有待强化；在利用市场手段破解会展业发展难题，提升会议目的地宣传推广和资源整合保障水平等方面需要加强；在支持企业举办会展活动，推动市场各方力量参与会展实践，促进会展服务提供与消费对接、互动、转化等方面仍需探索创新。

（四）北京会展设施和条件仍有待提升

会展设施和条件直接影响着会展活动的开展。就展览而言，展馆的数量、面积以及承载能力、相关配套设施条件和服务的协同跟进等，对展会的顺利举办有着重要影响。数据显示，2021 年，从展馆总面积看，北京仅有 33.46 万平方米，排名全国第九（参见表 4）；从单体场馆看，北京尚未达到世界百大商展的平均水平，亦落后于全国会展场馆发展。2021 年，全国室内可供展览面积 1 万平方米以上展览场馆中，排名前 100 的场馆北京只有 3 家，且没有排名前 20 的大场馆。从会展业承载力看，北京竞争优势不足，会展基础设施的滞后也导致北京大型展会的引进和发展受到限制（参见图 4）。"十三五"时期，受会展业基础设施供给不足等影响，北京部分大型展会被迫选择其他省市举办。同时，北京会展设施空间布局存在过于集中的问题，现有会展场馆主要分布在中心城区，导致会展场馆周边交通、人口聚集，配套设施压力较大。而距市中心较远的会展场馆，缺乏主要道路连通，住宿、餐饮、物流等相关配套，同样制约大型会展活动的举办。① 如何增强城市规划和空间设计与会展活动的相容性问题值得探索。北京作为首都，需要高水平谋划，促进以人的发展为中心的会展服务供给和消费，全面提升会展产业促进城市全方位发展的功能和作用。

---

① 北京市商务局：《北京市"十四五"时期会展业发展规划》。

表 4 拥有 10 万平方米以上专业场馆城市分布情况

排序	城市	展馆面积（万平方米）
1	上海	79.30
2	深圳	60.50
3	广州	49.24
4	青岛	44.00
5	昆明	38.98
6	成都	32.50
7	杭州	30.76
8	重庆	30.52
9	北京	33.46
10	天津	30.10

数据来源：中国会展经济研究会：《2021 年度中国展览数据统计报告》。

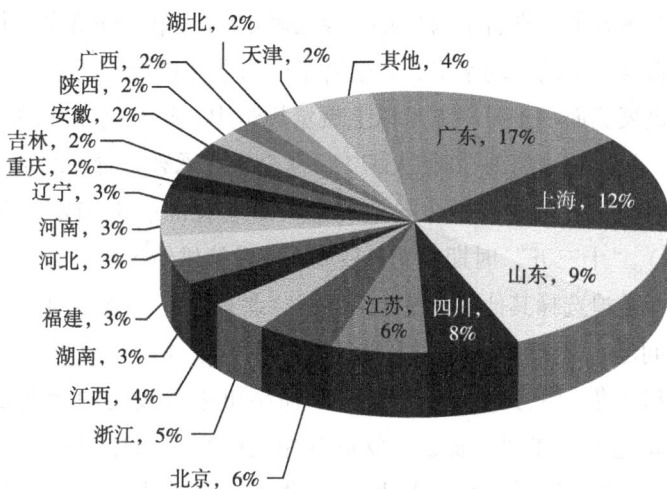

图 4 2021 年全国主要省/直辖市展览面积占比

数据来源：中国会展经济研究会：《2021 年度中国展览数据统计报告》。

（五）北京会展效能需要持续强化

会展产业要实现高质量发展必须全方位提升效能。一方面，需要在确保会展服务品质的前提下，强化内涵式、集约式发展，降低运营成本。另一方面，要提升会展运营水平，实现既定的经济效益和社会效益。从目前北京会展业发展状况看，降低成本的空间很大。在举办展会的综合成本要素中，场馆租赁费用、管理服务费、安保服务费是主要的办展成本要素。其中，场馆租赁费用、管理服务费还有可优化的空间，办展安保成本较其他城市缺乏竞争力。[①] 在推进会展产业生态建设过程中，会展产业效能的提升涉及多个方面，包括产业链的延伸和能级提升，以前向推动效应和后向拉动效应为特征的联动效应强化，以及政务环境的改善。例如，会展项目审批手续的数量，审批时限的长短等，均会对会展企业的实际经营产生直接影响。就这一方面看，北京会展业效能强化的潜力还很大。特别是在新发展理念引领下，北京会展业效能提升已成为必然的要求。

（六）北京会展国际化程度亟待提高

在新冠肺炎疫情发生前，北京境外自主办展项目和总面积总体呈下降趋势。进入 2020 年后，境外办展大幅下降。2021 年，中国境内和境外自主办展共有 174 个展会项目通过了 UFI 认证，比 2020 年增加 15 个，增幅9.43%。其中，境内通过 UFI 认证的项目 160 个，比 2020 年增加 16 个，增幅11.11%；境外通过 UFI 认证的项目 14 个，与 2020 年境外自主办展数量持平。在境内通过 UFI 认证的项目中，上海、济南、深圳三个城市居前三位。北京境外办展增长率相对于全国略显滞后。[②]

表5　2021 年中国出境自主办展组展机构的地域分布

序号	城市	组展机构	展览数量（场）	展览面积（万平方米）
1	杭州	2	4	1.11
2	济南	2	5	0.57
3	北京	1	5	0.72

数据来源：中国会展经济研究会：《2021 年度中国展览数据统计报告》。

---

① 北京市商务局：《北京市"十四五"时期会展业发展规划》。
② 中国会展经济研究会：《2021 年度中国展览数据统计报告》。

表6 2017—2021年中国出境自主办展项目数量按地域分布情况

单位：场

序号	城市	2017年	2018年	2019年	2020年	2021年
1	北京	78	57	71	1	5
2	济南	——	——	——	——	5
3	杭州	28	40	45	——	4
4	上海	2	12	5	——	——
5	广州	4	9	11	1	——
6	宁波	1	1	1	——	——
7	西安	——	1	1	——	——
8	乌鲁木齐	——	——	2	——	——

数据来源：中国会展经济研究会：《2021年度中国展览数据统计报告》。

从表5、表6和表7的相关数据看，北京在出境自主办展组展的机构、项目数量以及展览面积上，与其他城市相比既存在优势，也有差距。特别是在新冠肺炎疫情发生前，出境自主办展项目数量及展览总面积总体呈下降趋势，与国际会展之都以及国际交往中心的建设要求不相匹配，需要大力推动会展国际化程度，既要引进来，也要走出去，全面提升北京会展产业的国际影响力以及竞争力，更好地服务北京开放型经济发展。

表7 2017—2021年中国出境自主办展展览总面积按地域分布情况

单位：万平方米

序号	城市	2017年	2018年	2019年	2020年	2021年
1	杭州	20.36	23.31	24.335	——	1.11
2	北京	53.72	32.06	33.3	0.88	0.72
3	济南	——	——	——	——	0.57
4	广州	3.28	4.9	6.1	0.8	——
5	上海	1.36	3.88	1.93	——	——
6	宁波	0.12	0.44	0.25	——	——
7	西安	——	0.33	0.66	——	——
8	乌鲁木齐	——	——	0.66	——	——

数据来源：中国会展经济研究会：《2021年度中国展览数据统计报告》。

（七）北京会展专业人才培养需要加强

现代会展业作为一个涉及面广、政策性强、专业化程度高的产业，对专业人才特别是复合型人才需求强烈。依据《2021年度中国展览数据统计报告》，无论从本科教育或是专科教育来看，设置会展经济与管理（本科）或会展策划与管理专业（专科）的高等院校数量，北京均不在前列。就本科教育而言，在全国53个城市中，广州、成都和上海各有8所本科院校开设会展经济与管理专业，并列榜首，北京和武汉各有6所，居其次；就专科教育而言，从城市分布看，广州有18所居首，上海有10所居第二，成都有9所居第三，北京有8所。不仅如此，北京在会展人才吸引、引进等方面存在不足。总体来看，目前北京会展业专业人才规模和水平尚不能适应经济社会发展的需要，难以形成创新型人才成长和流动的集聚效应和蓄水池效应。因此在充分发挥教育资源优势，创新人才培养、引进模式，壮大复合型、高素质会展人才方面仍有待加强。

三、促进北京会展业发展的对策建议

"十四五"时期是我国由会展大国向会展强国转变的关键阶段。《北京市"十四五"时期会展业发展规划》提出，"十四五"期间，北京会展业发展的总体目标是：会展及配套设施布局优化、供给有效改善；会展促进服务机制完善、营商环境良好；形成一批具有国际影响力的市场主体和会展品牌；服务"四个中心"建设承载力显著提升。到2025年，基本建成具有全球影响力的国际会展之都。从目前状况看，北京会展业在积极应对新冠肺炎疫情的情况下，实现总体目标还面临诸多挑战。特别是国际会展之都的建设，需要北京充分发挥首都优势，深刻认识北京会展业所面临的问题与不足，加强系统性应对，大力推进北京会展业的创新发展、专业化发展、特色发展、品牌化发展以及国际化发展，形成具有较强国内外竞争力的会展业发展新格局。

（一）保持战略定力，增强发展信心，着力提升应对疫情以及重大突发事件的能力

北京建设国际会展之都不仅面临自身的不足和差距，而且需要面对国

内外激烈的竞争和挑战。而破解难题、化解问题，强弱势、补短板不仅要对症下药，更重要的是要深刻把握未来会展产业发展趋势，立足北京作为首都的城市功能定位，以及所具有的独特战略资源和优势，深入贯彻新发展理念，深度融入国家、区域和北京经济社会发展的战略格局中，保持战略定力，形成会展产业与其他产业，与开放条件下的人、物以及资源要素高度联通、互动融合的发展平台，运用系统思维推动会展业整体能级强化，着力提升应对疫情以及重大突发事件的能力。

第一，强化机制建设和支持力度。加强调研，应用新科技，创新沟通协调机制，形成针对会展项目和活动的联席会议机制，不断强化企业、协会、政府等各部门间的政策信息畅通。在条件许可的情况下，考虑组建工作促进专班。特别是针对疫情反复带来的严重影响，加大扶持力度，通过灵活用工方式、补贴、财税支持、自救互助等途径，助力会展企业渡过难关，增强发展信心。

第二，大力加强会展经纪业务。支持会展模式创新，推动代参展服务的规范化，促进国际和国内展会的开展。

第三，加强平台机制和保障建设。鉴于会展平台经济特征突出，要进一步整合资源和力量，建立高度联通、高效集成的会展服务网络以及联动响应机制。在会展标准、工作流程、服务保障等方面下功夫，形成服务清单和服务品质标准，明确责任义务。

第四，重视各种合力和平台功能的集成，推动会展平台经济、数字经济的繁荣发展，加强政府在会展领域公共服务产品的供给，进一步降低成本，持续优化营商环境，强化会展行业各利益相关者的协作和合作。

第五，加强各部门组织的协同。积极发挥贸促会、商会、协会等组织和研究机构的作用，切实推动会展领域政产学研用一体化发展。

第六，提升风险应对能力和产业治理效能。推动与首都功能相适应的会展风险防控体系建设，充分发挥科技支撑作用，进一步简化、优化会展审批流程，破解制约会展业务开展的难点、堵点，打通会展产业链条，提升会展产业治理效能。

第七，完善联动服务体系，充分利用数字科技等先进手段，在重大会展活动的筹备和举办期间，加强统筹协调，解决各类实际问题，提升北京会展业组织协调和应对突发事件和风险的能力。

（二）走特色化、差异化发展之路，大力推动北京会展产业生态建设

国际会展之都显然并不指向单一的会展产业。它应是会展产业链、价值链、创新链完备，会展产业集聚效应、联动效应明显，辐射力、影响力、竞争力显著，会展成为生产方式、生活方式、消费方式的重要载体和体现，应该是会展产业生态环境和谐、发达的状态。北京会展产业的发展，不应仅局限于会展业自身，而应走特色化、差异化发展之路，大力推动北京会展产业生态建设。

第一，促进会展业新格局的加速形成。围绕北京城市功能定位及战略性产业发展，以高端国际会议、文化类会展、科技类会展为特色，建立会展活动与城市发展深度交融的北京会展业发展新格局。

第二，加快建设北京会展产业生态群落。积极推动会展主体和利益相关者的建设，形成产业生态建设的有生力量。大力促进会展产业与其他产业的交叉融合，持续推动会展新业态、新模式、新场景的创新呈现。持续加强会展业商业支撑体系建设，进一步增强会展产业的观众黏性，形成以北京城市功能定位为依托的会展产业生态群落。

第三，提升会展产业链水平和效应。大力培育具有全球竞争力的会展企业，为北京会展业可持续发展提供肥沃的生态土壤。加强包括有关部门、组织和企业的建设，提升会展活动服务保障能力。完善物流运输、文旅消费、餐饮住宿、金融服务、广告策划、现场服务、创意设计等会展活动支撑服务体系，引导会展产业链上下游企业以会展场馆为中心集聚发展，增强集聚效应和联动效应。

第四，推动北京会展业绿色发展。坚定落实我国碳达峰、碳中和目标要求，积极倡导节能、环保、绿色办展，在场馆设施建设、展台搭建、展示设计、展会组织及展会服务等环节，鼓励绿色技术创新，促进绿色布展和参展常态化，引导环保展台循环利用。推进专业研究机构和会展龙头企业，结合国际先进经验和标准，共同制定北京市绿色会展相关标准和规范，建立健全绿色会展技术指标体系，在全国发挥示范引领作用。

（三）积极培育具有国际影响力的特色会展品牌，全面提升北京会展业国际竞争力

国际会展之都的建设离不开具有国际影响力和竞争力的会展品牌。北京会展业应从服务国家和首都发展的战略高度，积极策划体现北京经济社会发展特色和优势，能够追踪前沿、引领潮流的重大国际会展项目。同时，支持具有国际竞争力和影响力的各类会展企业发展，将品牌培育作为会展项目和会展企业建设的重要目标取向，持续丰富会展品牌的城市内涵和特色，加大对外传播力度。

第一，紧抓战略机遇，发挥特色优势。充分利用"一带一路"倡议以及我国加入 RCEP 协定的战略机遇，加强在会展领域的国际合作，打造一批高端的合作发展峰会、研讨会和论坛。发挥北京作为首都的功能定位和优势，强化举办国际会议的特殊优势，为培育特色会展品牌创造条件。此外，在国际大都市和世界城市建设的过程中，提升北京会展产业要素、资源的国际流动和汇聚，持续增强特色会展品牌的国际影响力。

第二，促进北京会展产业国际化发展。一方面，要积极引进来，强化北京全球会展要素、资源汇聚的枢纽平台功能；另一方面，要推动会展企业和会展项目活动走出去，提升北京会展产业生态环境的开放性和国际化水平，为会展产业生态提供开放的动力和活力。要积极推动会展企业拓展国际市场，加强会展国际标准的建设和推广，鼓励会展企业加入国际大会与会议协会（ICCA）、全球展览业协会（UFI）、国际展览与项目协会（IAEE）等国际会展组织，加强国际合作交流，增加北京市拥有的国际组织认证会展项目和会展机构数量。

（四）支持数字科技的广泛应用，持续加大数字赋能北京会展业力度

伴随着数字经济的蓬勃发展以及数字技术的广泛应用，推动数字赋能北京会展产业，促进产业的升级转型和高质量发展成为必然选择。作为全国科技创新中心，北京在推动全球数字经济标杆城市建设过程中，有条件牢牢把握数字时代的机遇，破解自身在会展业发展中的各种问题，实现跨

越式发展。

第一，大力推动会展业数字化转型。促进线上线下会展融合发展、一体化发展，竭力打通企业与客户、线上与线下的关系流与信息流，推进云洽谈、云参展、云签约等会展业全流程数字化水平。

第二，持续提升智慧会展水平。加大智能化会展场馆建设力度，实现基础设施、管理、运营、服务的智能化，开发数字会展应用场景，为会展生态各参与方提供智慧支撑，为用户提供价值服务。

第三，建设数字化会展信息平台。充分利用机器仿生学习、大数据分析技术、人工智能等科技成果，开发现代会展产业新体系。积极推动数字展会服务平台建设，实现虚拟会展与实体会展、线上与线下交易的互补，推进企业间信息共享、良性互动，实现创新发展。

（五）推动会展业供给侧改革，加强北京会展消费扩容提质

第一，推动北京会展业供给侧改革。提升会展策划、管理、营销等各环节水平，提供以需求为导向的优质会展服务。推进全市各重点会展场馆及配套设施建设，促进会展服务供给能力的提升，为消费扩容提供保障。

第二，持续强化会展服务体系建设。在延伸会展产业链，全面构建会展服务体系过程中，完善周边餐饮住宿、购物旅游、文化娱乐等消费功能。提升品牌展会的辐射带动效应，积极培育高精尖领域的展会项目，促进相关新模式、新产品的落地，有效利用各类展会平台，加强与行业知名企业对接，提升会展服务品质。

第三，加强会展消费扩容提质。以建设国际消费中心城市为契机，将会展产业空间布局，与吃、住、行、游、购、娱等配套设施的规划有机结合，创新发展与消费融合的产业和商业综合体，充分释放北京的消费潜力，集聚更多高端消费资源，引领全国乃至全球会展消费趋势。

（六）加强规划引领和区域国际合作，全面提升北京会展行业治理能力和水平

第一，重视治理理念和规划的前瞻性和引导性。进一步加强北京会展

业发展规划与其他产业规划的协同实践，形成战略规划之间的协调和衔接。强化顶层设计，系统性提出北京会展业发展问题的破解思路和关键环节。从扩大规模体量的角度考虑，既要把握数字技术突破会展时空限制的机遇，又要形成以区域、城市空间为载体的多层次、多维度、多领域、全方位的会展活动场景，充分体现首都作为国际大都市、世界城市的定位优势，建设具有北京独特魅力的国际会展之都。

第二，重视政策合力以及效果强化。在推动"两区"建设和"五子"联动中进一步加大政策支持力度，以重点项目、重点场馆、重大活动为抓手，从金融、财税、人才、技术、服务保障等各方面加强统筹，形成机制化、定制化一揽子服务支持。

第三，加强京津冀会展业区域协同和国际合作。推动以北京为核心，京津冀会展共建、共享格局的加速形成。强化北京会展业国际合作，借助友好城市以及贸易商务往来等途径，构建北京会展国际合作的城市网络，在会展产业国际化过程中，进一步促进北京会展业营商环境的优化和提升。

第四，强化会展业立法及行业自律。重视会展业立法，提升会展行业依法治理的水平，为会展业市场化、国际化发展保驾护航，为增强会展业发展效能提供保障。在此过程中，要引导行业组织发挥积极作用，提高行业自律水平。

（七）持续优化北京会展业空间布局和基础设施建设，大幅提升北京会展业承载力

第一，持续优化会展业空间布局。针对北京会展空间布局过于集中、基础设施相对滞后等问题，要明确北京会展业发展特色、方向和重点，使基础设施和相关条件的保障与北京会展发展的战略方向一致。在打造高端会展要素集聚、配套完备、功能完善的大型会展综合体，以及与会展消费融合联动的高端国际消费功能区过程中，进一步实现北京会展空间布局的优化。同时要突破会展场馆既定空间的限制，形成与城市生产、消费空间相融合的会展活动空间，提升城市生产、消费空间与会展活动空间的相容

性以及相互转化的可能。

第二，不断提升北京会展基础设施水平。尤其要重视数字基础设施的建设，强化基础设施供给服务的水平。对原有的老旧会展场馆进行数字化、绿色化、信息化升级改造，建设智慧场馆。因地制宜地转型利用腾退空间、老旧厂房和商业设施等存量资源，打造特色会展设施，满足中小型会展会议的个性化需求。探索城市公园以及其他公共空间举办会议、展览和节庆活动的模式，持续提升空间规划和治理能力。同时要加强区域和国际合作，提升基础设施利用水平，增强会展产业效能。

（八）创新人才培养模式，提升北京会展人才培养质量和智库建设水平

会展人才培养和智库建设是影响北京会展业高质量发展的重要因素。会展人才是会展业发展的核心要素和关键力量。智库建设则有助于会展管理部门和企业的科学决策。

第一，推动会展业人才培养体系建设。深刻认识会展人才培养的重要性，充分利用北京教育资源汇聚的优势，形成以产业发展需求为导向的会展人才培养体系和通道。

第二，创新会展人才培养模式和途径。加强会展技能型人才和战略型人才的分类培养和融合提升，推动政产学研用一体化的深入实践，开辟国际合作人才培养的渠道，实现人才培养的订单化、定制化和项目化。依托高校、研究机构等，推动学科交叉，实现高素质、复合型会展人才的培育。借助"两区"建设等政策优势，加大国内外会展教育资源及人才的引进，推动北京会展人才培养的定点输送。

第三，加强智库建设和国际研究合作。在政产学研深度合作基础上推动北京会展智库建设，打造适应国际会展之都需要的智库高地，强化国际研究合作，促进会展信息资源共享和相关成果的交流推广。

Report on the Development of Beijing's Convention and Exhibition Industry（2021）

Wang Haiwen

Abstract: 2021 is the first year for Beijing's convention and exhibition industry to enter into the period of the "Fourteenth Five-Year Plan". Faced with the uncertainty of the external environment and the continuous impact of the COVID-19, the convention and exhibition industry in Beijing has actively responded to the challenges and made active exploration in strengthening strategic functions, deepening digital transformation, and cultivating professional brands. However, compared with other developed cities in the convention and exhibition industry in China, there are still many aspects which need to be further improved for Beijing, such as epidemic situation and major emergency response capacity, convention and exhibition activity efficiency, the characteristics, differentiation, marketization and internalization of convention and exhibition. Therefore, to develop the convention and exhibition industry in Beijing, it is more necessary to maintain strategic concentration and take multiple measures to enhance the confidence of industry development. By constantly improving coping and governance capabilities, improving industrial ecology, cultivating exhibition brands, speeding up the exploration of digital empowerment, accelerating consumption expansion and quality improvement, enhancing the bearing capacity of the convention and exhibition industry, and promoting talent training and innovation, we will continue to work hard to explore new models and create new patterns for the development of Beijing's convention and exhibition industry.

Keywords: Convention and Exhibition Industry; Beijing; Digitization

第二部分　宏观观察

把握发展新形势 以高水平规划
引领开创北京会展业新局面

赵昭 刘海莹*

摘 要：北京会展业高质量发展离不开顶层设计和规划引领。《北京市"十四五"时期会展业发展规划》是北京市政府单独为会展业颁布的第四个五年发展规划，也是新冠肺炎疫情进入常态化防控背景下，引领和指导北京市会展业如何发展的方向性规划文件。本文基于该规划，了解发展方向，明晰主要任务，通过比较"十三五"时期北京市会展业发展规划，以及国家和北京市发布的关于会展业发展或促进的政策方案的不同，剖析突破点和新亮点，找寻北京市会展业未来发展机遇。

关键词：会展业 发展规划 产业布局 绿色会展

"十四五"时期是北京会展业实现高质量发展、打造国际会展之都、更有力服务首都"四个中心"城市功能定位，以及"两区"建设的重要时期。为更好引领北京会展业发展，2022年4月，北京市批准北京市商务局制定并发布了《北京市"十四五"时期会展业发展规划》（以下简称2022年《规划》）。2022年《规划》是自2006年会展业列入国家发展规划后北京市发布的第四个会展业五年规划，充分彰显了北京市政府对发展会展产业的高度重视。2022年《规划》针对当前北京市会展业发展中存在的会展设施不足、空间受限、会议资源整合欠缺、会展政策力度不足、办展成

---

* 赵昭：硕士研究生，中国集邮有限公司，经济师。刘海莹：全国会展业标准化技术委员会副主任。

本偏高等问题，从基本情况、总体思路、主要任务、保障措施等方面，对"十四五"时期会展业发展整体进行布局规划。随着北京市城市发展战略的不断完善，2022 年《规划》的出台及政府对会展业的高度重视，为北京市会展业发展提供了难得的战略机遇。本文围绕 2022 年《规划》，分析其编制背景，明确总体方向和目标，了解北京市会展业发展方向，从而深化对"十四五"时期北京会展业发展的认识。

一、"十四五"时期北京会展业规划背景

（一）把握新形势下发展新趋势

"十四五"时期是我国乘势而上开启全面建设社会主义现代化国家新征程、向第二个百年奋斗目标进军的第一个五年，也是北京落实首都城市战略定位、建设国际一流的和谐宜居之都的关键时期。全国人大通过的《中华人民共和国国民经济和社会发展第十四个五年规划和 2035 年远景目标纲要》（以下简称"十四五"规划纲要）对会展业的发展提出了以"推动生产性服务业融合化发展""深化服务领域改革开放""促进国内国际双循环""推动进出口协同发展"为主的发展方向。由于会展的经济效益日趋明显、辐射带动效应强大，各地根据"十四五"规划纲要及自身实际，先后出台了"十四五"时期会展业发展规划。

2017 年北京市发布《北京城市总体规划（2016 年—2035 年）》，明确了"四个中心"的战略定位，对会展业提出"规划建设好国际会议会展区""适度承接与绿色生态发展相适应的会议会展"、重点地区发展会议会展产业及产业集群等要求。随着"四个中心"建设的不断深入，2022 年《规划》的发布对提升北京市会展业服务"四个中心"建设提供了政策保障。2020 年新冠肺炎疫情发生以来，会展业受其影响明显，传统会展业转型势在必行，尤其是在新冠肺炎疫情常态化防控背景下，会展业面临如何从线下到线上，如何提升会展服务品质和效率等问题。2022 年《规划》的发布为会展业提供指导，并对北京到 2025 年基本建成具有全球影响力的国际会展之都提出了明确的目标和要求。

（二）落实国家和北京市对会展业发展要求

首先，2022 年《规划》是落实国家及北京市大力促进会展业发展的重要部署和举措。2015 年 4 月，国务院发布的《关于进一步促进展览业改革发展的若干意见》，首次全面系统地提出了展览业发展遵循的基本原则、战略目标和主要任务，会展业首次得到政策层面的战略性支持，也为北京市会展业发展指明了方向。

其次，2022 年《规划》是落实国家对北京市发展的要求。2015 年以来，《关于北京市服务业扩大开放综合试点总体方案的批复》《中国（北京）自由贸易试验区总体方案》《培育国际消费中心城市总体方案》先后发布，对北京市会展业国际化发展、引领消费等提出了要求，也提供了有力支持。

最后，2022 年《规划》是对北京市会展业发展政策的统筹。北京市政府发布了《北京市国民经济和社会发展第十四个五年规划和 2035 年远景目标纲要》，北京市商务局联合多部门先后发布了《关于进一步促进展览业创新发展的实施意见》《关于促进我市商业会展业高质量发展的若干措施（暂行）》，从"坚持国际化发展""符合首都战略城市定位""促进会展业品质提升"等多个方面和角度对北京市会展业发展提出了具体的发展要求，政策将在"十四五"时期继续延续和创新。

（三）夯实北京会展业发展基础

"十三五"时期，北京市会展业保持稳步发展，会展业规模、收入在新冠肺炎疫情发生前的 2019 年达到该期间最高水平。一是强化促进首都"四个中心"建设作用，包括：承载国际高端展会及活动，引领建设国际交往中心；保障大型政治、外交等政务类会展及活动，强化建设政治中心；举办国际国内文化类展会及活动，推动建设文化中心；举办国际性前沿科技展会，促进建设科技创新中心。二是提质增效效果明显。数据显示，除受新冠肺炎疫情影响较大的 2020 年，北京市会展业在保持总体收入增长的态势下，较"十三五"时期从业人员结构持续优化，单位从业人员效率得到了有效提高。三是展览场馆数量和展览面积不断扩大。可接待会议设施和规模稳步增长，展览数量和规模稳中有升；举办会议数量和接待观众人数稳步增长，国际会议竞争力位居全国第一。四是保障重大国务政务、国际体育赛事等会议节事，稳步提升服贸会、中关村论坛、金融街论坛三平台的国际影响力。五是制定多项会展促进政策，进一步提高会展业服务首都城市功能的能力。

（四）北京会展业发展面临的机遇和挑战

"十四五"时期，北京市将围绕"四个中心"城市功能定位、"两区"建设，国际消费中心城市、全球数字经济标杆城市、国际会展之都等建设，紧抓京津冀协同发展、"一带一路"倡议深入推进以及区域全面伙伴关系协定（RCEP）生效实施等发展契机，进一步激发会展业发展活力，增强发展动能，推动北京市会展业实现高质量跨越式发展。

与此同时，当今国际形势日趋复杂，新冠肺炎疫情影响广泛深远，国内区域竞争和会展资源争夺日益加剧，这些不确定性和不稳定性的增加对北京市会展业带来了诸多不利影响。具体问题包括：单体展览场馆面积不足，区域位置受限进而导致展会承载力受限，部分大型展会流失；会议资源缺乏整合利用，会奖旅游个性化产品供给不足，服务保障能力有待提高；政策规范需加强完善，服务机制需优化健全；租赁、服务费用等办展成本竞争力不足。

二、"十四五"时期发展方向和总体目标

（一）发展方向

以推动北京市会展业高质量发展为主线，坚持"国际化、品牌化、专业化、市场化、信息化、绿色化"发展方向，加快基础设施建设，优化空间布局，推动产业融合，培育首都会展品牌，加强人才培育，完善会展业促进体制机制，营造会展发展良好环境，提升北京市会展业服务"四个中心"建设的支撑能力，打造具有全球影响力的国际会展之都。

（二）总体目标

北京市会展业发展总体目标围绕服务首都功能、强化市场主导、坚持

融合发展、加强科技支撑、推动绿色发展的基本原则，提出到 2025 年，基本将北京市建成具有全球影响力的国际会展之都。持续推动北京市会展收入增长；构建以"两轴"为核心，"双枢纽"为节点，"多点"区域特色化新发展格局，全市会展业发展空间布局更加优化均衡；鼓励市场主体培育引进、申办、举办一批国内外具有较强影响力的大型品牌展会、国际会议、体育赛事项目，提升北京市会展业的国际影响力。

三、"十四五"时期发展主要任务

（一）明定位，担使命

2014 年 2 月 26 日，习近平总书记在考察北京时提出"四个中心"，即全国政治中心、文化中心、国际交往中心、科技创新中心。2017 年 9 月，北京市发布《北京城市总体规划（2016 年—2035 年）》，明确了北京的一切工作必须坚持"四个中心"的城市战略定位。会展业因具有服务经济、绿色经济、总部经济的产业特点，已经成为构建现代市场体系和开放型经济体系的重要平台，也是服务北京"四个中心"建设的重要载体之一。

2022 年《规划》指出，北京市会展业要服务政治中心功能，通过完善常态化服务保障机制，健全保障规章及配套政策，持续提升政务活动服务的保障水平和能力，打造专业化服务集团，培育政务服务品牌；促进国际交往功能，结合深耕服贸会、中关村论坛、金融街论坛"三平台"，提升会展业国际化、市场化、专业化水平；强化文化中心功能，推动文化产业和会展产业深度融合，依托各类文化场馆、文创园区优质资源和精彩丰富的展览展示活动，做强文化创新创意类会展品牌，打造全国文化类会展高地；提升科技创新功能，培育和吸引前沿科技类国际性展会在京举办，打造国际学术论坛高地，增强科技类展会品牌影响力和国际化程度。

（二）优布局，拓空间

新建和改建会展设施是北京市会展业加快发展的重要一环。空间布局方面，根据《京津冀协同发展规划纲要》《北京城市总体规划（2016 年—2035 年）》《北京市新增产业的禁止和限制目录》等政策指导，北京市扩建或新建会展设施需要按照"两轴"原则，在中心城区以外均衡布局、合理选址建设，避免给中心城区交通和周边配套设施带来较大压力。2022 年《规划》提出在南北方向分别推进首都国际机场、大兴国际机场"双枢纽"地区重点会展场馆及配套设施建设，在东西方向规划建设好城市副中心会展服务设施和新首钢会展片区；支持已建成会展场馆升级改造，实现智能化、信息化、绿色化、生态化，并结合所在区域的自然资源禀赋，积极发展"专、特、精、新"等特色会展。

会展设施方面，对比国内外重要会展城市，北京市缺乏大型标志性会展场馆。从室内展览面积看，北京市未能进入全国前三；从使用效率看，北京市大型会展场馆租馆率远高于全国平均水平，呈现供小于需态势。从全球和国内发展经验看，重要会展城市拥有大型会展设施是大势所趋。为此，2022 年《规划》提出，加快顺义新国展二期会展场馆及配套设施建设工作，谋划大兴国际机场临空经济区国际会展中心，以高质量的软硬件水平培育和吸引更多会展项目落户北京。两处会展设施建成后，北京市将实现会展与临空经济融合发展，形成高标准国际会展集聚区。

（三）育品牌，亮特色

2020 年 9 月 4 日，国家主席习近平在 2020 年中国国际服务贸易交易会全球服务贸易峰会上致辞，提出将支持北京打造国家服务业扩大开放综合示范区和自由贸易试验区，同月北京"两区"建设正式启动。会展作为平台和桥梁，成为"两区"建设重要组成部分。2022 年《规划》提出加快会展业产学研方面的结合，积极策划筹办重要领域的重大国际会展项目，巩固现有会展项目，做大做强品牌会展，大力提升国际影响力。同时抓住各种自贸协定和"一带一路"建设发展机遇，与周边国家和地区合作，在北京打造一批科技和文化领域的国际会议，吸引国际学术组织在京举办各类学术交流活动；以冬奥会和 2023 年亚足联亚洲杯北京赛区活动和比赛为契机，加快发展具有全球影响力的国际文化节庆、品牌赛事活动。

2021 年 7 月 19 日，国务院批准北京等五个城市率先开展国际消费中心城市培育建设。据相关报道，会展经济拉动效应可外溢至酒店、餐饮、娱乐、购物、总部经济等相关产业，拉动系数可达到1∶10；除了拉动消费，会展业促进产业升级也成为经济增长的重要引擎。2022年《规划》针对"会展+消费"融合的创新产业开发模式提出，通过加快"会展+商业综合体"建设，以及科学合理布局吃、住、行、娱、购等配套设施，吸引并培育符合北京消费市场需求的消费类品牌展会，深挖一批年轻消费人群喜爱的时尚消费和流行文化的精品节庆活动，引领全球消费趋势。

（四）创龙头，壮产业

会展龙头企业是引领会展业整体发展的生力军，是示范带动中小型会展企业、打造会展全产业链发展的中坚力量。培育具有全球竞争力的会展龙头企业，充分发挥以会展龙头企业促进会展专业服务机构的聚集效应，是加快会展业做强做大的必然选择。

在培育会展龙头企业方面，2022年《规划》提出通过提升组展办展和组织国际活动的能力水平，增加北京市经国际组织认证的会展机构数量和项目数量，提高部分龙头企业国际竞争力；鼓励支持大型骨干展览企业组建国际展览集团，打造重点市属旗舰型会展企业，鼓励优质中小企业向专业化方向发展。

在引导会展企业聚集发展方面，2022年《规划》提出通过完善会展活动各个环节支撑服务体系，引导相关服务企业以会展场馆为中心集聚发展，打造专业化的配套服务聚集区，提升服务效率。加强与国外会展组织、国内外知名会展企业的交流与合作，引进相关机构、公司、项目资源、管理经验，提升运营效益。

（五）促创新，精管理

面临未来更多更大挑战，会展业发展要靠不断创新降本增效，挖掘发展潜力。据相关报道，按照国内某一线会展城市办展的一次性费用估算，全国每年在商贸会展方面一次性消耗达数百亿元，展会产生的固体废弃物处理、能源消耗、展台材料危害不容小觑。鼓励会展业绿色、智慧发展、精细化管理是未来趋势。

在绿色、智慧办展方面，2022年《规划》提出制定绿色会展相关标准和规范，以及技术指标体系，引领并支持会展企业在展会各环节创新应用节能环保、可重复利用的材料和产品，实现绿色可持续发展；鼓励支持会展场馆及企业积极运用先进技术，建设智慧化场馆，并鼓励和支持线上线下办展办会，用数字化新技术为服贸会等知名展会赋能。

在提高管理效能方面，2022 年《规划》提出以推动研究立法、常态化服务保障机制、便利化审批备案、过境免签、智慧通关、安全监管、行业自律、信用披露、公众监督和知识产权保护这十项具体措施，提高会展管理服务水平。

（六）重保障，强措施

2022 年《规划》对组织保障、政策支持、金融保险服务、会展人才和智库建设、营商环境五个方面提出了具体举措，有力支撑和落实"十四五"时期发展目标。一是加强政府有关部门之间的统筹协调，完善联动服务体系，解决各种实际问题，发展具有特色的会展活动，促进产业和会展互动融合。二是统筹加大政策支持力度，支持会展重点项目，落实企业发展重点环节的融资需求和税收优惠政策，鼓励优质企业挂牌上市。三是鼓励金融、保险机构创新适合会展业的金融产品和信贷模式、保险险种，拓宽会展主体的融资通道。四是加大专业人才的教育培养力度，加快产学研之间的合作，加强国际交流合作及前瞻性研究，打造新时代会展业智库建设。五是搭建信息共享和互动的展览业公共服务平台，健全中介服务体系和专业化行业组织，促进规范发展，完善行业诚信体系，提升行业服务管理水平，促使会展业健康有序发展。

四、"十四五"时期规划新突破、新亮点

（一）立足首都城市功能战略定位

一是以服务"四个中心"建设为首要目标，2022 年《规划》相比上一轮会展业规划，强调做好重大国事活动保障，更高水平建设"三平台"，促进文化类展会发展，做大做强科技类会展，细化支持"四个中心"建设等，明确重点任务。二是根据京津冀协同深入发展和首都定位要求，2022

年《规划》务实提出以北京建立"两区"和国际消费中心城市为契机，建设全球影响力的国际会展之都。

（二）科学规划会展场馆和配套设施

相较上轮规划，2022年《规划》化零为整，谋求以质量胜数量：以北京市"两轴"为主线，在东西南北四个方向上科学布局会展片区，重点打造南北机场"双枢纽"地区的重点场馆，形成首都两大会展产业集聚区；在其他方向上根据各区自身自然禀赋优势建设康养、旅游、奖励、运动健身、休闲度假等特色会展。在升级会展设施方面，2022年《规划》还首次将腾退空间、老旧厂房、商业设施等存量资源纳入，支持北京市城市更新，形成不同规模、各有特色的会展场馆服务供给体系。

（三）促进消费与会展融合发展

2021年，北京市率先开展国际消费中心城市培育建设试点。2022年在政府工作报告中提到，要"推动消费持续恢复""发展消费新业态新模式"。2022年《规划》提出了建设"会展+消费"新发展模式和思路，以及推进"会展+商业综合体"建设，释放消费潜力。深度融合的会展发展模式，将借助会展流量、枢纽流量、区域消费流量的叠加，最大化地构成商业集群，会展、交通枢纽、区域商业相互促进、共享流量红利，为打响会展消费城市名片奠定基础。

（四）注重培育会展龙头企业

未来将面临越来越多的不确定因素，培育会展龙头企业对于稳定会展业发展、抵御风险、提升会展业国际化水平起到愈发重要的作用。2022年《规划》细化了对培养龙头企业的支持方向和力度，通过以龙头企业为基础打造国际化知名会展品牌，发挥产业集聚效应，形成交通物流、信息通信、金融、会奖旅游、餐饮住宿、广告策划、创意设计、现场服务等会展配套产业快速发展，有效发挥龙头企业的带动和引领作用。在发展旗舰型会展企业以外，2022年《规划》还注重扶持产业细分领域"专精新"龙头企业，增强个性化会展供给，强化市场主体作用。

（五）发展高端国际会议

"十三五"期间，北京市会议收入在会展业收入中占比最高，国际会议发展成果显著。根据国际大会与会议协会（ICCA）数据，北京市2019年举办的国际协会会议在亚太地区及国内城市排名分别为第七位和第一位，全球会议目的地竞争力全球及国内城市排名分别为第十二位和第一位。2022年《规划》明确了"十四五"期间北京市将更注重继续发挥会议尤其是国际会议优势，提出通过借助有利时机和发展机遇，强化国际多边合作，详细阐述了吸引高端国际会议的类型；通过加快会议配套措施建设加速转化会议流量，进一步提高高端国际会议举办吸引力。

（六）积极面对疫情不利影响

2020年初，大部分会议及展览因新冠肺炎疫情的发生被按下暂停键，至今会展业仍处在恢复状态中。2022年《规划》明确了应对措施：一是在未来北京市会展业面临疫情新常态趋势下，务实合理地确定发展目标，2021—2025年会展收入目标增速是年均5%，与"十三五"时期年均目标增速基本保持一致，同时也根据会议和展览所面临发展形势区别，适度调整会议收入和展览收入的增幅。二是针对会展业人群集中的特点，由有关部门加强安全监管及指导，提高安全办展办会水平；推广"线上+线下"办展办会新模式，用科技力量实现会展举办方式的互补和融合，借机提高展会质量。三是继续制定促进政策，如2020年北京市商务局发布的《应对新型冠状病毒感染的肺炎疫情影响促进展会发展项目申报指南》，降低会展企业负担，促进行业良性发展。

五、结语

会展业健康良好的发展关系到国民经济、行业和产业运行持续向好。2003年北京市出台了全国范围内首份会展业发展规划——《北京会展业发展规划（2004—2008年）》后，北京市会展业经历了快速发展、波动发展、稳定发展三个阶段。在未来不确定性因素增加的情况下，2022年《规划》的及时出台对北京市会展业未来发展具有重大意义。北京市也定将紧紧围绕 2022 年《规划》，全面部署整体推进，全力提升会展业发展水平，使之成为北京市加快城市发展的重要支撑和有力保障。

Grasping the New Situation of Development, Leading by High level Planning, Creating a New Situation of Beijing's Convention and Exhibition Industry

Zhao Zhao, Liu Haiying

Abstract: *The "14th Five-Year" Period Plan for the Development of Beijing's Convention and Exhibition Industry* is the fourth five-year development plan issued by the People's Government of Beijing Municipality for the convention and exhibition industry alone. It is also a directional planning document that guides the development of Beijing's convention and exhibition industry under the background of the regular prevention and control of COVID-19. This paper attempts to understand the development direction and straighten out the main tasks. By comparing the differences in the development plans of Beijing's convention and exhibition industry during the "13th five-year plan" period, and comparing the differences in the policies and plans for the development or promotion of the convention and exhibition industry issued by the State and Beijing, we will interpret the new breakthroughs and highlights, and find the future development opportunities for the Beijing's convention and exhibition industry.

Keywords: Convention and Exhibition Industry; Development Planning; Industrial Layout; Green Development

"十四五"时期北京会展业发展趋势和展望

王海文　方朔[*]

摘　要："十四五"是北京会展业实现高质量发展的重要时期。这一时期，北京会展业所处外部环境的不确定性增加，产业升级转型更加紧迫，规划政策引导支持力度加大，相关基础设施持续改善，总体营商环境不断优化，业态模式创新空间广阔。未来北京会展业战略功能将不断加强，数字化转型将大幅提升，会展发展新格局进一步形成，专业化品牌培育将迈出新步伐。北京会展业要深入贯彻"创新、协调、绿色、开放、共享"的新发展理念，在"十四五"时期努力实现既定的规划目标。

关键词："十四五"　会展业　趋势

一、引言

《北京市国民经济和社会发展第十四个五年规划和 2035 年远景目标纲要》指出，"十四五"时期是我国全面建成小康社会、实现第一个百年奋斗目标之后，乘势而上开启全面建设社会主义现代化国家新征程、向第二个百年奋斗目标进军的第一个五年，也是北京落实首都城市战略定位、建设国际一流的和谐宜居之都的关键时期。作为现代服务业重要组成的会展产业，在北京深化"四个中心"城市功能，促进"两区"建设，推动"五子"联动，牢牢把握时代机遇的征程中具有独特的地位和作用。"十四五"是北京会展业全面推动高质量发展的重要时期，也是建设国际会展之

---

　*　王海文：北京第二外国语学院经济学院副院长，教授。方朔：北京第二外国语学院国际文化贸易专业硕士研究生。

都，为我国由会展大国向会展强国转变做出更大贡献的关键阶段。在分析"十四五"时期北京会展业面临的总体发展形势以及优劣势基础上，探讨未来一段时期北京会展业发展趋势并做出展望，对于更好促进北京会展业的健康可持续发展无疑具有重要意义。

二、"十四五"时期北京会展业面临的总体发展形势

（一）外部环境不确定性增加

《中华人民共和国国民经济和社会发展第十四个五年规划和2035年远景目标纲要》指出，当今世界正经历百年未有之大变局，新一轮科技革命和产业变革深入发展，国际力量对比深刻调整，和平与发展仍然是时代主题，人类命运共同体理念深入人心。同时，国际环境日趋复杂，不稳定性不确定性明显增加，新冠肺炎疫情影响广泛深远，世界经济陷入低迷期，经济全球化遭遇逆流，全球能源供需版图深刻变革，国际经济政治格局复杂多变，世界进入动荡变革期，单边主义、保护主义、霸权主义对世界和平与发展构成威胁。同时，新冠肺炎疫情也在加快世界会展业中心东移进程。面对不确定性增加的外部环境，北京会展业发展的经济动力、市场风险、国际化拓展等各方面的压力增大。但与此同时，北京会展业的发展正在深度融入国家和首都高质量发展的进程中，发展韧性在不断增强，在雄厚的物质基础和广阔的市场空间条件下，北京会展业可持续健康发展危中有机，处于变局与新局交织，需要下更大力气孕育机会、开拓新局的重要时期。

（二）产业升级转型更加紧迫

在推动北京经济社会文化高质量发展的过程中，产业升级转型的任务更加紧迫。现代服务业在促进产业升级转型过程中具有重要的地位和作用。依据《北京市"十四五"时期现代服务业发展规划》，"加快构建与首都'四个中心'功能相适应的高质量现代服务业体系，持续强化北京在全球产业链、价值链、创新链中的核心地位，打造国际一流的高能级服务枢纽，有力支撑国际一流的和谐宜居之都建设。"会展业无疑是其中不可或

缺的部分。不仅如此，促进北京高精尖产业发展，推进高端制造业和现代服务业深度融合同样需要会展业的积极支持和融入。推动北京会展业的高质量发展，提升国际会展影响力，提升"三平台"国际影响力，是北京推进产业升级转型的必然要求。

（三）规划政策引导支持力度加大

"十四五"是北京会展业在步入新发展阶段、贯彻新发展理念、构建新发展格局的大环境、大背景中实现高质量发展的重要时期。战略引领、规划引导、政策支持的力度在持续加大。《北京市国民经济和社会发展第十四个五年规划和 2035 年远景目标纲要》《北京市"十四五"时期现代服务业发展规划》《北京市"十四五"时期会展业发展规划》等均对会展业的发展做出了论述和部署。这些规划和政策无疑会增强北京会展业发展的动力，为北京会展业的繁荣发展提供强有力的顶层设计和政策保障。

（四）相关基础设施持续改善

会展业的产业链长，涉及的要素、环节和利益相关者众多，其中基础设施的完善是会展业健康发展的重要因素。《北京市"十四五"时期重大基础设施发展规划》指出，要实现"保障能力更加充裕，服务水平更加优质，发展方式更加绿色，智慧创新更加显著，运行保障更加强韧"。其中包括初步构建京津冀城市群 2 小时交通圈和北京都市区 1 小时通勤圈，中心城区 45 分钟通勤出行比例达到 60%，5G 用户普及率大幅提高，千兆宽带接入端口占比达到 50%。此外，在"十四五"时期，北京将着力打造北京首都国际机场和大兴国际机场"双枢纽"新动力源，为高端展、国际展、特色展等提供坚实的支撑。基础设施的持续改善成为"十四五"时期北京会展业发展的重要保障。

（五）总体营商环境不断优化

《北京市"十四五"时期优化营商环境规划》指出，北京优化营商环境站在新的起点。以助力国际科技创新中心建设、"两区"建设、京津冀协同发展、全球数字经济标杆城市建设、国际消费中心城市建设为重点，持续打响营商环境"北京效率""北京服务""北京标准""北京诚信"四大引领品牌。到2025年，优化营商环境改革的引领示范作用持续发挥，取得一批含金量高、突破性强、国际领先的制度创新成果，市场机制更加完善，法规制度更加健全，更高水平开放型经济新体制基本形成，人民满意的服务型政府建设走在全国前列，全面建成与首都功能发展需要相一致的国际一流营商环境高地。在这样的背景下，北京会展业总体营商环境有望持续优化，这无疑有利于北京会展业的高质量发展。

（六）业态模式创新空间广阔

在推进"四个中心""两区"建设，促进全球数字经济标杆城市发展过程中，产业融合、数字技术的广泛应用等为北京会展业创新发展提供了广阔的空间。特别是《北京市促进数字人产业创新发展行动计划（2022—2025年）》已于2022年8月发布实施，《北京市数字经济促进条例》自2023年1月1日起施行。这些举措将对北京会展业新业态新模式的创新发展带来积极影响。

三、"十四五"时期北京会展业发展趋势

《北京市"十四五"时期会展业发展规划》显示，"十三五"时期北京市会展业保持稳步发展，会展业经营收入、展览规模均稳步提升，除2020年受新冠肺炎疫情影响较大外，2019年达到同期最高水平，2021年北京会展业也取得了成绩和进步。总体来看，与国内其他城市相比，北京会展业在会展设施规模的扩大、会展市场化程度的提升、会展营商环境的进一步优化、会展效能的加强、国际化程度的提高等方面虽然存在差距和不足，然而当前北京在促进会展业的发展方面也有自身的独特优势。

第一，作为首都和国际大都市，北京在推进"四个中心"和世界城市的建设中有着其他城市难以比拟的独特优势。从政府到企业以及其他会展从业者，可充分研究、发挥北京所具有的这些独特优势，深入探索会展业如何利用优势，使之真正成为北京会展业发展的动力和竞争力，而不是视

之无关紧要，没有发挥作用，甚至成为劣势。

第二，在推进区域经济发展以及实施重大战略过程中，北京资源要素等集聚优势发挥的空间很大。北京会展经济与平台经济、共享经济的融合优势可以得到进一步加强。

第三，北京会展业市场需求潜力大，无论是线上还是线下，国内还是国际，北京会展业市场开拓空间大，会展产业的供给侧改革以及市场需求的激发将强化北京会展业的创新发展动力。

上述优势是北京会展业实现高质量发展的重要条件。"十四五"时期的北京会展业将在深入贯彻新发展理念的过程中，更好服务首都及国家发展，推动自身迈上发展的新台阶。

（一）会展业战略功能不断加强

"十四五"时期北京会展业在新发展理念的指引下，将更加注重创新发展、部门协同、产业融合、绿色低碳和国际化拓展。在此过程中，会展业服务首都战略功能定位、"两区"建设、"五子"联动等将更加突出。会展业更加重视从系统的视角看待自身与其他产业部门的联系，更加重视在会展策划、实践过程中的价值本质，更加重视会展产业与城市空间、城市更新、城市发展创新之间的关系，从而引导会展产业在整个经济协同中能级的跃升和功能的发挥。如在《北京市国民经济和社会发展第十四个五年规划和2035年远景目标纲要》中，会展产业与"四个中心"建设密切结合，与其他部门发展紧密交织。此外，伴随国际消费中心城市建设的深化，会展产业链延伸以及产业生态建设将旅游、餐饮、住宿、购物、娱乐休闲等高效结合起来，充分发挥联动效应、集聚效应，从而使会展产业的经济效益能够实现大幅提升，并且向着大众化、专业化的方向发展，产生积极的广泛的社会效益。

（二）数字化转型将大幅提升

"十四五"时期，北京将全力推进全球数字经济标杆城市建设，提速数字经济新基建，实施新型基础设施支撑行动，以信息网络为基础，推进传统基础设施数字转型和智能升级，超前部署创新基础设施，夯实北京城市大脑应用基底。建设支撑重大科技研究、产业技术创新等具有公益属性的创新基础设施；系统布局覆盖终端、用户、网络、云、数据、应用的可信安全基础设施；推进新型基础设施资源共享、设施共建、空间共用，形成合力体系，加速释放潜能，激发更多新技术、新应用、新业态。这些举措必将使北京数字创新优势更加明显，也更有条件推动北京会展数字化加快转型。

同时，北京会展业拥有较为丰富的数字技术资源和数字应用场景，更容易形成可持续的数字优势，在数字化转型道路上进入快车道，全面引领国内会展业技术创新与应用新浪潮。具体涉及北京会展业的数字服务能力将会进一步增强，VR、AR、云展览等技术不断实现突破性创新，会展水平向高质量发展；北京会展业的数字化管理能力将会进一步增强，通过大数据、5G技术、智能分析处理、云计算等手段，会展园区的数字化、智能化管理水平将会持续增强，线上线下融合趋势更加明显，会展管理水平整体提升到新的层次；北京会展业的信息流动将更加高效，通过区块链和大数据分析，会展企业之间、举办方与参展方之间的信息交流将会更加便捷，协调合作将会更加紧密，有助于促进会展企业共同发展。

（三）会展发展新格局进一步形成

"十四五"时期，北京会展业在服务首都城市战略定位过程中将形成面向"四个中心"的发展新格局。在全国政治中心建设过程中，北京会展业将发挥举办大型会议、服务大国外交活动等作用，更好体现自身独特功能和价值。

在全国文化中心建设过程中，《北京市国民经济和社会发展第十四个五年规划和2035年远景目标纲要》提出，促进全国优秀文化交流展示，研究制定吸引各地文化精品进京展演的有效政策，充分发挥北京剧目排练中心、北京市剧院运营服务平台功能，办好北京新年音乐会、中国戏曲文化周、全国话剧展演季等国家级文化活动，让各地优秀文化在首都展示和交流。利用好千年运河文化品牌，统筹沿线空间建设数字体验中心，创办中国（北京）国际运河文化节，办好中国大运河文化带"京杭对话"等活动。守护传承好长城文化精神，以八达岭、居庸关、慕田峪、古北口、司马台等为重点，打造长城国际精品景区，组织开展长城文化节、长城主题演出等赛事节展活动。

在国际交往中心建设过程中，提出要精心打造服务国际交往的会客厅，加快打造服务国家顶层国际交往、可举办全流程主场外交活动的核心承载区，扎实推进雁栖湖国际会都扩容提升，建成国家会议中心二期。积极拓展承载国际交往的新空间，东部地区实施新国际展览中心二三期等一批重大项目。北部地区聚焦雁栖湖国际会都-怀柔科学城、八达岭长城-冬奥会-世园会两大板块，打造国际交往新平台。西部地区聚焦中关村-"三山五园"板块，加快实施中关村论坛永久会址等一批重大项目。南部地区聚焦大兴国际机场板块，加快推进国际会展、国际购物等一批重大设施建设，规划南中轴国家文化功能区，打造国际交往新门户。此外，精准提供专业化国际化服务保障，制定可复制、可推广的模式和标准，持续提升重大国事外交活动专业化服务能力和保障水平，培育市场化、专业化、国际化会展集团，加强京津冀国际交往功能协作，主动服务"一带一路"建设，高标准完成"一带一路"国际合作高峰论坛等主场外交活动服务保障任务，抓好重大成果落地。办好中国—中东欧国家首都市长论坛及首都商会会长圆桌会议等活动。

在国家科技创新中心建设过程中，提出要办好中关村论坛，坚持高端前沿引领，打造全球性、综合性、开放性科技创新高端国际论坛。与中国北京国际科技产业博览会有机融合，形成顶级交流、全球交易、高水平展示品牌，搭建创新思想新理念的交流传播平台、新科技新产业的前沿引领平台、新技术新产品的发布交易平台、创新规则和创新治理的共商共享平台。

从《北京市国民经济和社会发展第十四个五年规划和 2035 年远景目标纲要》所涉及的会展业发展的内容看，有几个重要特征：第一，会展业的繁荣发展已经与北京经济社会发展高度相关，在深度融入和促进"四个中心"功能定位深化过程中形成了具有北京特色的会展服务贡献和产业发展格局。第二，北京会展业中会议、节庆、赛事活动与城市发展紧密联系，与首都城市规划、城市和空间格局相容性进一步提升。第三，北京会展业区域合作正在进一步提升，资源要素汇聚集聚功能持续加强，这为北京会展业创新和空间拓展提供了难得的机遇和条件。第四，北京会展业产业生态正在加速构建，国际化特征也在彰显，这已成为未来北京会展业国际竞争力提升的重要基础和独特优势。第五，北京会展业展览、会议、节庆、赛事等也呈现系统性提升和融合，为会展业的发展注入了动力。

（四）专业化品牌培育迈出新步伐

推动北京会展业高质量发展的过程中，专业化品牌的培育是其中的重要内容。"三平台"就是高端会展品牌培育的具体实践。以服贸会为例，就是要坚持共商共建共享的全球治理观，瞄准世界经济前沿，搭建全球服务贸易展示、交流、洽商、合作平台，全力打造服务国家开放发展的中国国际服务贸易交易会。在此过程中，推广"线上+线下"办展办会新模式，支持一批"云端会展"，把永不落幕的云上服贸会打造成靓丽品牌。以未来文化会展为例，"十四五"期间北京要积极承办和培育一批具有全球影响力的国际文化节庆、品牌赛事活动，打造国际文体赛事首选地。持续办好北京国际电影节、北京国际音乐节、北京国际旅游节、世界剧院北京论坛、国际时装周等文化节庆活动，吸引全球知名文艺团体、文化机构、业界大师前来参与。举办历史文化名城论坛，做强北京国际设计周等品牌文化活动，打造具有国际影响力的全球顶级文化交流平台。上述规划的落实无疑是专业化品牌培育的强有力的实践。

四、北京会展业发展未来展望

"十四五"时期的北京会展业既承载着高质量发展的目标和期望，又需要面对严峻复杂的外部环境以及各种压力、风险和挑战。北京会展业的发展需要融入北京市乃至全国的经济社会发展的大局中，需要以开放的胸怀、国际化的视野去审视百年未有之大变局下全球会展行业的发展动态和趋势，需要以系统的思维和辩证的观点看待自身的定位与发展，如此才能在服务北京、服务国家发展中更好实现自身的特色化、专业化、品牌化、市场化以及国际化发展。

首先，世纪疫情叠加百年未有之大变局，既是会展业的危机，但也是发展的契机和新机。因此需要有主动求变、创新发展的自信和勇气，需要增强在高度联通的社会中应对交错复杂的风险以及频发的突发事件的能力。对于会展这样资源要素、人物集聚特征十分明显的行业领域来说更是如此。展望北京会展业未来发展，凭借在大型活动组织、突发事件应对、相关资源调度等方面的经验和能力，有实力也有条件提升北京会展业的整体发展水平，实现高质量发展目标。

其次，北京会展业与国内其他城市相比存在差距与不足。国际会展之都建设任重道远，然而应该看到北京会展业在提升服务首都城市战略功能过程中的格局变化和特色彰显。未来北京会展业要在服务中塑格局、育品牌、强特色，切实将产业发展置于区域和城市发展的系统中去审视，由此为会展业的发展奠定坚实的基础，注入强大的动力。

再次，北京会展业的发展要顺应时代趋势，牢牢把握时代的脉搏、科技的前沿，持续拓展科技的应用场景，强化与科技融合的力度，不断增强会展产业的效能。这对于北京会展业而言，显然具备相应的条件和基础。因此，大力推动会展经济与平台经济、共享经济，会展产业与旅游产业、文化产业等的协同、融合，推动会展产业的绿色低碳发展，成为未来北京会展业的重要战略选择。

最后，北京会展业的总体营商环境在持续优化，市场机制也在加以完善。然而，在会展业发展的过程中，因为产业链长，涉及环节因素多且复杂，要处理方方面面的问题。这就需要在营商环境优化的过程中，更重视调查研究、意见反馈和政策跟踪，更注重破解会展实践中的各种问题和难题，从而更有针对性地优化会展业的营商环境。

总而言之，北京会展业要深入贯彻"创新、协调、绿色、开放、共享"的新发展理念，把握发展机遇，在"十四五"期间实现既定的规划目标，为我国从会展大国向会展强国迈进做出应有的贡献。

Development Trend and Prospect of Convention and Exhibition Industry of Beijing during the "Fourteenth Five-Year Plan" Period

Wang Haiwen, Fang Shuo

Abstracts: The "Fourteenth Five-Year Plan" is an important period for Beijing's convention and exhibition industry to achieve high-quality development. During this period, the uncertainty of the external environment in which Beijing's convention and exhibition industry is located has increased, the industrial upgrading and transformation have become more urgent, the planning policy guidance and support have been strengthened, the relevant infrastructure has been continuously improved, the overall business environment has been continuously optimized, and the business model innovation space is broad. In the future, the strategic functions of Beijing's convention and exhibition industry will be continuously strengthened, the digital transformation will be greatly improved, the new pattern of convention and exhibition development will be further formed, and the cultivation of professional brands will take new steps. Beijing's convention and exhibition industry should thoroughly implement the concept of innovative, coordinated, green, open and shared development, and strive to achieve the established planning goals during the "14th Five-Year Plan" period.

Keywords: the Fourteenth Five-Year; Convention and Exhibition Industry; Trend

第三部分　重点会展

2021 中国国际服务贸易交易会概述

2012 年，党中央、国务院批准由中华人民共和国商务部、北京市人民政府共同主办中国（北京）国际服务贸易交易会（简称京交会），2019 年更名为中国国际服务贸易交易会。随着中国经济发展进入新时代，京交会的发展也进入了提质升级的新阶段。2020 年，中国国际服务贸易交易会的简称由"京交会"更名为"服贸会"。截至 2021 年，服贸会（包括原京交会）已成功举办了八届，成为国际服务贸易领域传播理念、衔接供需、共享商机、共促发展的重要平台，是全球服务贸易领域规模最大的综合性展会和中国服务贸易领域的龙头展会。它同中国进出口商品交易会（广交会）、中国国际进口博览会（进博会）一起，成为中国对外开放的三大展会平台。①

一、2021 年总体状况

（一）基本情况

2021 年，服贸会在国家会议中心和首钢园区举办，主题是"数字开启未来，服务促进发展"。9 月 2 日开幕，9 月 7 日闭幕，期间共设置了六类活动。

一是重要活动。9 月 2 日晚 8 点举办的全球服务贸易峰会，邀请了国家领导人、外国政要、国际组织负责人、世界 500 强和行业领军企业负责人出席，峰会前国家领导人巡馆。

二是论坛和会议。围绕服务贸易十二大领域的前沿趋势，聚焦数字经

---

① 中国国际服务贸易交易会官网，https://www.ciftis.org//article/8855035828236288.html。

济和数字贸易发展等热点话题，举办了 5 场高峰论坛、119 场专题论坛及行业会议。

三是展览展示。包括综合展和专题展。综合展设在国家会议中心，设置有中国服务贸易发展成就展、省区市及港澳台展、国别展和数字服务专区展等。专题展设在首钢园区，围绕电信、计算机和信息服务，金融服务，文旅服务，教育服务，体育服务，供应链及商务服务，工程咨询与建筑服务，健康卫生服务 8 个专题举办了企业展。

四是推介洽谈。举办了国别推介洽谈、省区市及港澳台推介洽谈和行业推介洽谈等 74 场活动。

五是成果发布。设置成果发布厅，举办了首发活动、服务示范案例发布及权威政策信息发布等活动。

六是边会。组织了 8 场边会活动，包括商务沙龙、餐会酒会等。①

（二）展会特点

与往年各届服贸会（包括原京交会）相比，本届服贸会在展会主题、展会内容、展会影响力、展会服务等方面特征更加显著，具体表现在以下六个方面：

一是展会领域和规模进一步拓展。展览展示继续涵盖了上届服贸会所设置的文化服务、金融服务、教育服务、体育服务等领域，并结合服务贸易发展的热点趋势，新增了供应链及商务服务、健康卫生服务、工程咨询与建筑服务等专题，论坛会议的议题更是涵盖了服务贸易十二大领域。展览面积比 2020 年增加了 2 万平方米，线下参展企业比上届增长 6%。

二是国际化水平进一步提升。2021 年服贸会有 153 个国家和地区的 1 万余家企业注册线上线下参展参会，比上届增加了 5 个国家。国际化率、世界 500 强占比均超过上届水平，吸引了更多境外国家和地区的境外及驻华机构线上或线下参展参会，国际参与度进一步提升，服贸会的"朋友圈"越来越大。

① 本部分信息资料引自《中国服务贸易发展和 2021 年服贸会筹备工作进展发布会》，中华人民共和国国务院新闻办公室官网。http://www.scio.gov.cn/xwfbh/xwbfbh/wqfbh/44687/46664/wz46666/Document/1711326/1711326.htm.

三是办会模式进一步完善。在 2020 年"综合+专题""线上+线下""室内+室外"的基础上，本届创新了"一会两馆"办会新空间，成立了首都会展（集团）有限公司，探索市场化办会筹办机制，不断优化服贸会数字平台，打造永不落幕的服贸会。2021 年，国务院批准常设组委会和执委会，从国家层面加大了统筹协调力度。

四是更加突出数字服务。落实国家发展数字经济战略部署，凸显数字经济和数字贸易，设置了"数字开启未来，服务促进发展"大会主题，首次设置了数字服务专区，举办了"数字贸易发展趋势和前沿高峰论坛""2021 数字贸易发展论坛"等 15 场相关论坛会议。

五是更加突出绿色低碳。围绕碳中和、碳达峰主题，举办了"全球生态可持续发展高峰论坛""2021 中国碳中和发展论坛"等 15 场相关活动。在展台搭建中贯彻绿色环保理念，使用低碳化、可重复使用的新型材料，力行绿色低碳办会理念。

六是更加突出疫情防控。服贸会组委会增设了疫情防控工作协调组，建立动态风险评估机制，组织公共卫生专家持续开展疫情风险评估，研究制定疫情防控工作方案和应急预案，制定不同人员疫情防控指引，有针对性地提出了防控要求，并严格落实好疫苗接种、流行病学史筛查、健康监测、核酸检测等措施，确保服贸会"零感染"。[①]

（三）展览展示主要工作

本届服贸会现场服务工作整体有序进行，服务质量较高，在遵守国家及首都防疫规定的同时，有效完成了前期现场布置、对外宣传、人员流动管控、物资调配、现场秩序维护、突发状况处理等各项工作，保证了服贸会的顺利进行，彰显出首都会展服务的高水平和高质量。

1. 完成场馆和展位规划

根据各专题场馆面积需求，分别就场馆布局、水电接驳、地面承重、吊点承重等展览展示方面需求进行了多次实地踏勘和研究，完成了多版服

---

① 本部分信息资料引自《中国服务贸易发展和 2021 年服贸会筹备工作进展发布会》，中华人民共和国国务院新闻办公室官网，http://www.scio.gov.cn/xwfbh/xwbfbh/wqfbh/44687/46664/wz46666/Document/1711326/1711326.htm.

贸会首钢园规划设计方案。完成综合展的展位规划，并根据招展情况对国别展区、数字服务专区的展位规划进行了多次调整，形成了综合展的展览展示方案。

2. 整体 VI 设计和环境布置

整体 VI 设计和环境布置延续了 2020 年的整体风格，并利用"服贸环"元素进行了深化设计。国家会议中心通过整体的色彩渐变，区分出了会议、展览、餐饮服务功能区域。其中会议区形象景观以服贸橙为主色调，展览区以商务蓝为主色调。为了烘托展会氛围，对国家会议中心东立面、南立面、景观梯、内街等位置进行了整体视觉形象和广告的悬挂，在室外设置了景观标志物，并对玲珑塔进行了外结构装饰。

首钢园区在最大限度保持工业遗存风貌的基础上，结合场馆设计，以首钢蓝为主色调，八个领域的颜色为辅进行了整体氛围布置。根据首钢园区展览区域较大，会议室较为分散的特点，设置了分级导视指引系统。开展后，根据现场情况和临时需求，增加了摆渡车站、停车场入口指引、观众提示牌、摆渡车车贴、地贴等，服务展客商参展参会。

3. 嘉宾接待

根据 2021 年服贸会接待服务工作安排，建立了各成员单位、接待单位和各专题的对接联络机制，规划出国家会议中心和首钢园区接待巡馆路线各两条。会议期间，组建了接待工作组，负责汇总各类贵宾、嘉宾和团组的总体接待需求并做好对接联络工作。

二、主要成绩

第一，释放了进一步扩大高水平对外开放的积极信号。在本届服贸会上，我国提出提高开放水平、扩大合作空间、加强服务领域规则建设、继续支持中小企业创新发展等促进服务贸易开放合作和创新发展的四方面举措，进一步彰显了中国坚持开放合作、互利共赢，与各方共促世界经济贸易复苏增长的信心和决心，也表达了中国与世界各国共同用"金钥匙"破解难题、共创美好未来的真诚愿望，得到国内外各界的高度评价和广泛赞誉。

第二，凝聚了推动全球经济贸易复苏增长的共识。在本届服贸会全球服务贸易峰会上，爱尔兰等5国领导人和经合组织、联合国贸发会议、世贸组织三大国际组织负责人高度赞赏并积极支持中国举办服贸会，表示愿同中国一道，支持全球化和多边贸易体制、加强服务贸易交流合作、维护经济全球化进程。5场高峰论坛、近200场专业论坛和行业会议汇聚了各政界、商界和学界精英，聚焦服务贸易和数字贸易发展趋势、服务贸易便利化、旅游合作、碳达峰碳中和、防疫健康、知识产权保护等热点话题开展研讨交流，探讨服务领域发展前沿和方向，广泛凝聚各界共识，为推动全球经济贸易复苏增长贡献了智慧和力量。

第三，达成了一系列重要合作成果。本届服贸会以"数字开启未来、服务促进发展"为主题，突出展示了数字贸易、5G通信、工业物联网、智慧办公、区块链创新等新业态新模式，充分交流了新理念，展示了新服务，发布了新成果。本届服贸会参展企业国际化率、世界500强占比均超上届。德国联邦外贸与投资署携手巴伐利亚州、柏林、汉堡、莱法州等7个联邦州，首次在服贸会设立了德国国家展团。仅9月6日，2021年服贸会就发布了39项成果、举办了52场论坛会议和推介洽谈活动，80多个文化融合发展项目签约，总金额近240亿元。借助服贸会这个平台，各国企业通过交流合作向世界传递着全球经济加快复苏的信心，推动全球服务贸易开放合作发展。① 截至9月7日16时，本届服贸会达成各类成果1672个，其中包括成交项目类642个、投资类223个、协定协议类200个、权威发布类158个、联盟平台类46个、首发创新类139个、评选推荐类264个。

第四，展示了服务贸易发展成就和服务领域新技术、新应用。本届服贸会专门设立了中国服务贸易成就展，全面展示"十三五"时期我国服务贸易发展的成就和贡献，展望"十四五"时期的广阔发展前景。首次设置了数字服务专题展区，展示数字经济和数字贸易发展最新前沿技术和最新应用场景。围绕电信、计算机和信息服务，金融服务，文旅服务，教育服务，体育服务，供应链及商务服务，工程咨询与建筑服务，健康卫生服务

---

① 《海外网评：服贸会的精彩永不落幕》，海外网，https://baijiahao.baidu.com/s? id = 1710303164355657543&wfr=spider&for=pc.

8 个专题举办了企业展。"数字故宫"、可穿戴的数字人民币钱包、移动便利店等科技新应用则向人们展示最新的数字化成果，为服务业创新发展提供了重要方向。数字贸易发展趋势和前沿高峰论坛、2021 数字贸易发展论坛等数字类主题论坛搭建起探讨完善数字治理体系、助推服务贸易数字化进程的平台。2021 年服贸会数字平台新上线的电子签约功能，也帮助展商利用区块链服务实现精准配对，更好地进行线上交易，打造一个永不落幕的服贸会。[①] 总的来看，本届服贸会的展览展示既体现了专业性和国际性，让专业观众看到新技术、新趋势、新机会，也体现了互动性、娱乐性，让普通观众也获得了新鲜的服务体验，加深了对服务贸易的认识和了解。

第五，提升了服贸会的影响力和服务贸易的社会知晓度。服贸会作为我国举办的重大国际经贸活动，主流媒体集中力量主动加强对服贸会的宣传报道力度。服贸会精彩的展览展示也吸引了新媒体的广泛关注和报道。新闻报道及时准确、形式多样，极大地提升服贸会的国内外关注度、知名度和服务贸易社会知晓度。本届服贸会还发布了《中国服务贸易发展报告2020》《中国数字贸易发展报告 2020》《世界旅游城市发展报告 2020》等多项权威报告，以分享专家学者对服务贸易不同领域发展的思考，反映最新发展趋势，引领行业前沿，促进交流合作。

第六，积累了疫情防控常态化条件下"线上+线下"融合办展的经验。疫情防控是服贸会工作的重中之重。服贸会组委会增设了疫情防控工作协调组来加强防疫工作组织领导。执委会认真制定防疫规定，并采用大数据监测、视频巡控、人脸识别等科技手段，对参展参会人员疫苗接种、核酸检测、健康宝和体温等即时查验，并加强展会现场巡查，确保各项防疫规定落到实处，不留死角。本届服贸会线下参展参会人员和观众人数实现"零感染"。本届服贸会充分运用数字技术，以线上线下相结合的方式举办，同步推进屏对屏、面对面的政企对接、产学对接、企业交流和洽谈，充分展现了经济数字化、网络化、智能化发展的巨大潜力。安保工作扎实

---

① 《海外网评：服贸会的精彩永不落幕》，海外网，https://baijiahao.baidu.com/s?id＝1710303164355657543&wfr＝spider&for＝pc。

细致，亦确保了服贸会的顺利举办。①

三、未来发展

（一）发挥服务贸易促进功能

办好服贸会是加快构建新发展格局、促进国内国际双循环的重要举措。我国超大规模市场优势进一步强化，内外贸一体化推动国内国际市场联动发展，服务领域对外开放持续深化，我国服务领域开放合作的前景十分广阔。办好服贸会将进一步深化服务领域国际合作，激活服务贸易增长动能，推动贸易高质量发展。服贸会是统筹推进疫情防控和经济社会发展、推动服务贸易加快恢复的重要抓手。目前，全球疫情尚未得到全面控制，在人流物流受限、经贸活动不畅的情况下，服贸会充分运用数字技术，以线上线下相结合的方式举办，同步推进屏对屏、面对面的企业交流和洽谈，帮助企业多方拓展商机，对冲疫情影响，充分展现了经济数字化、网络化、智能化发展的巨大潜力。②

未来，服贸会应通过更具特色的高水平展会，向国内外展现中国服务贸易的高水平发展情况，以及服务贸易为提振国家经济、打赢疫情攻坚战所做的卓越贡献。应进一步聚焦数字贸易，把握全球数字经济脉动，为新冠疫情冲击下的世界经济复苏带来活力与机遇。

（二）对外释放合作交流信号

本届服贸会，共有 153 个国家和地区的 1 万余家企业注册线上线下参展参会，服贸前 30 强国家和地区中的 29 个国家和地区均有机构参与。此外，还有 26 家国际组织参展参会，其中 21 家国际组织参与展览展示或国际论坛活动。服贸会是扩大服务领域对外开放，推动构建更高水平开放型经济新体制的重要平台。服贸会将聚焦服务业和服务贸易，全面展现我国

---

① 本部分信息资料引自《2021 年服贸会达成各类成果 1672 个》，人民网，http://finance. people.com.cn/n1/2021/0907/c1004-32220525.html.

② 《办好 2021 年服贸会，有这些特殊意义》，北京日报客户端，https://baijiahao.baidu.com/ s?id＝1706858187327251616&wfr＝spider&for＝pc.

坚持扩大对外开放的坚定信心，释放我国坚持推进经济全球化、深化国际经贸合作的积极信号，凝聚各方促进服务贸易开放发展的共识，并将以务实行动创造开放发展的机遇。

举办服贸会的初心是通过搭建服务贸易展示窗口、交流平台、合作桥梁，促进我国服务业、服务贸易交流与发展，推动构建新发展格局和我国对外贸易高质量发展、深化国际合作以及广泛参与全球经济治理。未来应通过服贸会，释放更强的对外合作交流信号，积极邀请"一带一路"沿线国家、RCEP 成员国、上合组织成员国等友好国家的相关机构与企业前来参展参会，加强中国与各国际组织的联系，为促进广泛的国际服务贸易合作贡献更多力量。

（三）提高展会服务管理水平和效能

作为国家级大型展会，服贸会涉及的资源、要素、主体、环节众多且复杂，在管理流程、水平、效能等各方面均需要不断创新提升。一方面要不断总结经验，及时发现在办展过程中存在的问题，注重调查反馈，倾听来自展会工作人员、参展商、观众、志愿者等方面的意见和建议；另一方面，要进一步优化流程，大力推进科技助力展会管理等各项工作，持续提升展会服务管理水平。

针对展区设置问题，如各专题招展覆盖面较广、目标性不强，存在资源冲突的情况，可以考虑在综合展采取各专题推荐的方式进行组展，参展单位纳入各专题招展情况进行统一考核。

针对展区路线规划问题，如参展参会人员步行距离较远、线路规划不合理、车辆行驶路线不畅通等较为突出的问题，可以在前期规划时交给专业规划设计单位执行，并且充分征询展览、会议以及展商的意见，在规划时同步考虑导向系统的设计，确保统一协调，确保规划符合实际需求，能够落地执行。

针对证件和系统预约参观问题，如证件种类过多，申请手续烦琐，可以在证件设计阶段充分征询展览、会议、场馆方的意见，不再区分布展和正展期间的证件，一证到底。施工证件由安保组监督管理，安排专业主场服务单位按照成熟商业模式进行制作和发放，相应证件需在安保组备案，人员需背审。同时对服务对象如展商、参会嘉宾等进行统一汇总和上报。尽量确保人员证件按时按需发放到位，提前制定现场证件和车辆入场的应急措施，各组提前预备一批临时证件应急使用，并严格控制发放，做好发放登记。

针对信息公开问题，如各类信息，包括证件权限及入场时间、摆渡车时刻表、每日开闭馆时间、车辆准入和流线等公开不及时或不明显，可以将相关信息在网上显要位置进行提前公示，并及时向各组发放通知，避免信息只有组内自己清楚的情况。

针对日常接待工作中的问题，如贵宾、嘉宾和团组接待需求信息来源多头，导致需求统计数据重复，信息准确度下降，对分派接待讲解任务造成困扰，出现多头联系的情况，可以为符合接待范围的贵宾、嘉宾及团组建立统一需求报送途径，引入专业机构收集需求信息并组织实施。在接到接待需求后定时派发任务，及时联络被接待人和团组，集中反馈问题。

2021 中关村论坛概述

中关村论坛创办于 2007 年，以"创新与发展"为永久主题，经过 14 年发展，现已成为具有全球性、综合性、开放性的科技创新高端国际论坛。中关村论坛聚焦全球关切、透视创新前沿，是我国对外展示坚持科技强国道路决心和高质量发展成果的重要窗口。同时，每一届论坛的成功举办都代表着我国积极参与世界科技创新、深度参与全球科技治理的决心，成为我国进一步提升国际话语权的重要国际交往窗口。从地方性的区域创新论坛到国家级开放创新交流平台，2021 中关村论坛以"智慧·健康·碳中和"为年度主题，邀请全球顶级科学家、全球知名科研组织代表、企业家和投资人，共同探讨科技前沿和产业发展，取得了丰硕成果。

一、基本情况

2021 中关村论坛正式升级为面向全球科技创新交流合作与科技成果发布、展示、交易的国家级平台。本届中关村论坛在北京中关村国家自主创新示范区展示中心举办，9 月 24 日晚 8 点举办论坛开幕式，会期共 5 天，围绕"论坛会议、展览展示、成果发布、前沿大赛、技术交易、配套活动"六大版块举办了 60 场活动。论坛期间，来自全球 66 个国家和地区的上千名嘉宾深入交流，累计 10 万人次线上线下参与。同时还举办了贯穿全年的常态化系列活动，建立常态化办会机制，实现"月月有活动、季季有亮点"。根据论坛主题，本届中关村论坛是把握新发展阶段、贯彻新发展理念、构建新发展格局，建设北京国际科技创新中心的具体举措，有利于深化科技开放合作，推动中关村打造世界领先的科技园区和创新高地，为构建人类命运共同体贡献智慧和力量①。

2021 中关村论坛做到了四点坚持：一是坚持国家级战略定位，释放出中国坚持改革开放、创新合作的鲜明信号。二是坚持全球化视野，论坛国际化水平迈上大台阶。开幕式活动在美国、德国、英国等 10 余个国家同步设立了 17 个分会场，300 余名外方嘉宾线上参加。论坛期间，140 个国际组织及创新机构代表参与论坛各板块活动。此外还成立了"开放科学国际创新联盟"，发出"开放科学实践北京倡议"，传递出推动全球科学界加强协同合作的时代强音。三是坚持高水平办会，取得了惠及全国乃至全球的丰硕成果。施普林格·自然集团、清华大学、中国科学院等单位面向全球发布《自然指数——科研城市 2021》《国际科技创新中心指数 2021》《新一代人工智能伦理规范》以及极低温无液氮稀释制冷机、长寿命超导量子比特芯片等重大成果。中关村国际前沿科技创新大赛面向全球，围绕人工智能、生物医药、集成电路等 12 个重点领域征集项目近千个，发布了百项新技术新产品榜单、百项国际技术交易创新项目榜单、百项数字化转型需求榜单。四是坚持面向世界发声，论坛社会关注度显著提升。本届中关村论坛共有来自 200 余家境内外媒体的 800 余名注册记者，进行了全方位、多渠道、立体化的宣传报道。

二、主要工作

在 2021 中关村论坛的举办过程中，本届中关村论坛充分秉持"科技办会"理念，在智能服务、科技防疫、现场效果、云上论坛、互动体验五个方面应用了近 30 项科技产品。例如，局部气象分析系统、数字胸牌、智能安检测温、智能消杀机器人、智能垃圾分类等高新技术纷纷在本届中关村论坛上亮相，让参会嘉宾感受到全流程、全场景的科技应用。可以说，本届中关村论坛的每个流程和每个细节中都有着新技术、新产品、新材料应用的身影。

---

① 《500 余家中外企业展示最新成果，2021 中关村论坛将于 9 月 24 日至 28 日在京举行》，https://baijiahao.baidu.com/s?id=1710978109984991234&wfr=spider&for=pc.

（一）关于智能服务

多种机器人上岗为论坛各场景提供服务。在论坛会议和公共区域布设了智能引导、信息展示、物品运输等服务机器人用于服务参会嘉宾，而在论坛所有会场休会期间，智能消杀机器人、安防机器人开始出动用于支撑场馆安全及防疫工作。这些不同种类的服务机器人可以在会场实现智能交互联动以服务于各个场景。例如，通过对服务机器人下达指令，可使其完成在会议中心、展示中心两地会场间运送水、会议资料等工作；智能机器人引导员则承担了迎宾接待、问答咨询、问路引领、导览讲解等服务工作，对于工作人员提出的论坛日程等问题可给出准确回答。

服饰上的"黑科技"。除了这些来自科技前沿的机器人，"科技办会"理念也在真人服饰上得到了体现。本届中关村论坛为媒体记者和工作人员提供了数字胸牌。传统的会议胸牌一旦印制便无法修改，但数字胸牌可在完成一天活动后实现回收、可重复使用；同时数字胸牌可实时显示论坛信息，在会议厅门口或指定地点通过 NFC 触碰方式，还可主动获取最新议程内容。此外，现场工作人员、志愿者的服装也采用新型聚乳酸环保材料制作，这种材料以淀粉和农林废弃物为原料生产，可完全降解。可以说，数字胸牌和新材料服装的应用是本届中关村论坛对绿色和可持续化的一次实践。

冬奥手语播报数字人首次亮相。本届中关村论坛向现场参会参展人员展示了冬奥手语播报数字人，这也是冬奥手语播报数字人首次出现在大众视野中。充满人文关怀的手语播报终于有了自己的"虚拟主播"。该数字人以"悟道2.0"超大规模预训练模型为底层核心技术，利用虚拟数字人、基于深度神经网络的自然语言处理技术等，提供智能化的数字人手语生成服务，同时这也是"悟道2.0"的首次实际场景应用。

小关心大智慧。天气的好坏和手边垃圾的处理是每一位参会参展人员都不得不考虑的"小"问题，对此本届论坛利用了局部气象分析系统，在会议开始前及会期对会场周边局部天气进行预报分析，同时在会场进行可视化展示，不仅包括实时温度、体感温度、气压、相对湿度、空气质量等常见参数，还能基于定位位置实现5公里范围内2~48小时的气象预报。智能垃圾箱的出现也给参会参展人员带来了新的科技体验，运用语音识别、互联网等技术让垃圾箱实现了智能分类、信息显示、自动称重等功能，还可以统计每天投放的垃圾，进行数据汇总分析，从源头上做好垃圾分类。

（二）关于科技防疫

本届中关村论坛仍是在疫情期间举办，面对各类参展参会人员的聚集和流动，论坛上的防疫手段也在科技加持下更为智能便捷。

本届中关村论坛采用了大数据监测、智能安检测温等科技手段，即时检测查验参展参会人员的健康宝、体温等相关信息，确保切实遵守完成各项防疫规定，不留任何监管死角。其中智能安检测温系统可实现一秒完成身份识别、智能测温、健康码、核酸检测、疫苗接种、公安联网、电子登记7项信息的查验，应用在安检处可快速核验参会参展人员的健康防疫信息，提高安检效率，有效避免安检处人员聚集，并且在人员易聚集区设置大通量智能体温筛查系统实现一秒之内检测多人的体温，实现了人员高效测温通行，减少人员聚集。除此之外，本届论坛还安排了"千里眼"实时研判会场内的人员密集度和聚集情况，这个"千里眼"就是"会场人员热力图"；通过对活动现场的两栋建筑进行建模，实时显示人员在建筑物内的聚集情况，在突发事件出现的第一时间，能迅速查清人员移动轨迹和密接情况，给防疫工作提供坚实的数据支撑。同时，为了进一步巩固疫情防控成果，由清华大学、北京大学、昌平国家实验室联合研发的气溶胶新冠病毒检测机器人在本届中关村论坛上首次上岗。该气溶胶新冠病毒检测机器人可以对会场内的空气进行采样，实现新冠病毒气溶胶预警，针对重点控制区域实现24小时不间断在线监测。

（三）关于现场效果

2021中关村论坛在虚拟与现实交互中让线上线下的互动更加轻松、高效，展现了线上线下同步互动的精彩场面。

由于疫情原因，许多嘉宾未能来到现场进行参会、演讲，为了填补这一遗憾，本届中关村论坛在多个场景充分展示应用了 AR、VR、MR 等虚拟现实技术。在远程嘉宾演讲时，应用视错觉视频技术，通过绿幕制作、后期特效灯光方式制作远程嘉宾演讲视频，达到线下线上裸眼 3D 效果，配合制作合成的模拟特写镜头上屏，让远程嘉宾"出现"在会议现场，该技术利用视觉差原理，足以达到以假乱真的效果。同时，在远程嘉宾演讲时，利用前景 AR 技术对视频效果进行包装，动态化呈现嘉宾的部分 PPT 内容，让现场观众如临实景，进一步增强现场观众体验感受。在远程嘉宾连线中，主办方提前制作好了论坛的三维场景，利用实时 AI 抠像技术，将嘉宾的实景背景实时替换为论坛的三维场景，从而达到嘉宾"亲临现场"的效果。能来到线下参会的重要嘉宾，本届中关村论坛为他们配备了柔性屏电子桌签，可实时查看会议日程、参会嘉宾等信息，多角度提升论坛整体科技感与互动性。

（四）关于云上论坛

科技"智慧"也体现在对未能亲临现场的观众的体验感、满足感的获得上。为了满足公众线下参会的期盼，本届中关村论坛的云上论坛全新升级为云上 MR 全景论坛，融合实景全景+三维模型，让观众可以在线上得到身临其境的参观体验。该系统依托全景拼接技术和三维重建平台，多维度还原现实空间，多元化整合融媒体资源，达到沉浸式交互体验的效果。MR 全景会场还可支持多终端、平台应用，在突破时空限制的同时减少真实的接触和社交，让本届中关村论坛更加安全。

（五）关于互动体验

在论坛外场，百度世界 VR 展馆打造了一个以沉浸、感知、交互为核心，由无数芯片、集成电路和流动数据构成的充满科幻感的虚拟世界。观众戴上 VR 头显，拿上控制手柄，即可正式开始"穿越"之旅。论坛期间，还在通州区九棵树文化产业园设置了第二现场，通过边缘融合技术对多个方位拍摄影像进行拼接融合，全方位还原中关村论坛部分活动场景，达到全方位沉浸式体验的效果。

三、论坛成果

持续 5 天的 2021 中关村论坛主会期结束，围绕"论坛会议、展览展示、成果发布、前沿大赛、技术交易、配套活动"六大板块举办的 60 场活动取得了丰硕成果。

（一）会议论坛

在 2021 中关村论坛上，国家领导人、外国政要、国际组织负责人、驻华使节、全球知名企业及行业领军企业负责人等以各种形式出席现场。本次论坛中，324 名外籍嘉宾线上参加开幕式，海外分会场达 17 个。围绕科技前沿和热点议题，如重大传染病防控、量子信息、人工智能等热点，邀请中外嘉宾进行了主题演讲并举办了 25 场平行论坛，主办单位涵盖世界知识产权组织中国办事处、上海合作组织秘书处、世界绿色设计组织、新加坡企业发展局、世界生产力科学院、中欧数字协会等国际组织或机构。在 25 场平行论坛中，首设了上合国家平行论坛、"区块链与数字经济发展"平行论坛。第五届中国—中东欧国家创新合作大会也首次在华举办并整体融入论坛。

在 2021 年 9 月 25 日举办的本次论坛全体大会上，共计为 14 位科学家、150 项成果颁发了北京市科学技术奖有关奖项。相较于往年，此次奖获奖成果中，基础研究类获奖成果大幅增加，数量占比从 9.7% 上升至 23.3%，在脑科学、单细胞组学、病毒学、云边协同、硅基光电子、低维材料等前沿领域涌现出一批具有国际影响力的原始创新成果。本届北京市科学技术奖的最高奖——"突出贡献中关村奖"由北京生命科学研究所资深研究员邵峰获得。他在病原菌毒力机制、抗菌天然免疫以及肿瘤免疫领域做出了杰出贡献，为肿瘤免疫治疗药物的研发提供了新思路①。

（二）展览展示

同期举办的中关村论坛展览（科博会），原名中国北京国际科技产业博览会，已成功举办了 23 届。在 2021 中关村论坛期间，正式更名为中关村论坛展览（科博会），也是首次与中关村论坛同期同地举办，真正实现了论坛与展览一体，共同打造了面向全球高科技创新交流合作的国家级

---

① 《2021 中关村论坛亮点纷呈基础研究类获奖成果数量大增》，https://baijiahao.baidu.com/s?id=1712189570419263797&wfr=spider&for=pc

平台。

本届科博会在5天会期内向世人展示了智慧科技、大健康、科技冬奥、碳中和等科技新成果。此次展览总面积约1.5万平方米，划分为综合馆、科技冬奥馆、医药健康馆、碳中和馆、省区市科技创新成果馆共5个展馆，20个省区市、计划单列市组团参加了中关村论坛展览（科博会），参展企业和机构有576家。在综合馆中，展示了国内第一款城市大脑人工智能装备——"脑库"，该项成果的应用有利于进一步提升北京基层城市治理的智能化水平。在科技冬奥馆中，展示了场馆建设、科学训练、科学办赛、保障示范、智慧观赛等展项，充分彰显了科技对冬奥赛事举办的全方位支撑。在医药健康馆中，展示了北京近年来在生物医药、医疗器械以及科技抗疫等方面的科研和产业化成果。在碳中和馆中，展示了我国相关企业在绿色低碳技术发展和碳中和探索实践方面的经验案例。在省区市科技创新成果馆中，展示了全国多个省市的科技创新相关成果①。

（三）成果发布

在本次论坛全体大会上发布了一批"十三五"期间重大国家级创新成果、最新的科技政策，以及国际科技合作计划。同时，各类创新主体发布了一批凸显创新性、示范性、引领性的重大项目、创新成果、研究报告。其中发布的5项重大科技成果，涵盖了核心技术攻关、重大行业规范、重要科技创新指数，展现了北京高质量建设国际科技创新中心的阶段性成果。它们分别是："自然指数-科研城市2021"，无液氦稀释制冷机，《新一代人工智能伦理规范》，长寿命超导量子比特芯片突破500微秒大关，以及"国际科技创新中心指数2021"。②

（四）前沿大赛

中关村国际前沿科技创新大赛作为重要赛事板块被纳入2021中关村论坛。这项大赛创设于2017年，已累计筛选出400多家优质初创企业和创业

① 《一文回顾刚结束的2021年中关村论坛亮点》，https://zhuanlan.zhihu.com/p/415070257.
② 《2021中关村论坛发布五项重大创新成果》，https://news.sciencenet.cn/sbhtmlnews/2021/9/365526.shtm.

团队。2021 中关村国际前沿科技创新大赛以"引领前沿科技、助力数字经济"为主题，瞄准国际最新科技趋势，涵盖生物医药、人工智能、集成电路等 12 个重点领域，共征集项目近千个。其中，国际化项目来自英国、德国、爱尔兰、意大利、新加坡、日本等国家。在本届论坛期间，部分领域的决赛将在此举行，这意味着将有更多创新技术和未来可能性在中关村这片创新热土上产生。①

（五）技术交易②

中关村国际技术交易大会是中关村论坛的重要组成部分，为打造"全球买，全球卖"的技术交易盛会，汇集了近 3000 项技术交易项目，700 余项国内外新技术新产品和 600 多项数字化转型应用技术需求，共举办了 17 场系列活动，包括技术交易大会开幕式、重点国别和地区技术转移对接活动、国际知名理工高校技术转移对接活动、全国技术转移交流对接专场活动、新技术新产品首发活动、数字化转型供需对接活动等。

其中，29 个项目在论坛期间完成合作签约。大会还发布了百项新技术新产品榜单、百项国际技术交易创新项目榜单、百项数字化转型需求榜单，发布了金额达 100 亿元的北京首发展华夏龙盈接力科技投资基金。在重点国别和地区技术转移对接活动中，会议联合海内外机构，征集了 30 多个国家和地区的国际技术交易创新项目，并遴选出 100 余项予以发布，重点项目在论坛期间进行路演推介和交流对接。

此外，在此次活动上还成立了"中关村前沿科技投融资联席会"和"开放科学国际创新联盟"，共同推进科技资源利用效率的最优化利用，营造科技资源开放共享、创新发展生态体系，促进北京开放科学的深入实践与创新发展。

中关村国际技术交易大会以促进项目合作和落地转化为主旨，按照"5+365"服务模式，持续打造永不落幕的中关村国际技术交易盛会，全力

---

① 《中关村国际前沿科技创新大赛纳入中关村论坛参赛优秀企业将获"前沿科技贷"扶持》，http://www.beijing.gov.cn/fuwu/lqfw/gggs/202109/t20210919_2497997.html.

② 《2021 中关村论坛举办技术交易暨合作签约活动》，https://baijiahao.baidu.com/s?id=1712149570395369614&wfr=spider&for=pc.

构建中关村国际技术交易生态圈。

（六）配套活动

举办以中关村创新企业为主体的"企业主题日"，融合北京元素开展特色专场活动。举办企业家沙龙，为企业家、投资人搭建深化交流、增进了解、互惠合作的平台。[①]

四、未来发展

（一）强化功能定位

中关村论坛作为国家级开放创新平台和国际化论坛，承载着社会各界人士的殷殷期盼。要固化举办规格，强化功能定位，提升论坛国际化、高端化、专业化和平台化程度，发挥好面向全球科技创新交流合作的国家级平台作用，搭建新思想新理念的交流传播平台、新科技新产业的前沿引领平台、新技术新产品的发布交易平台、创新规则和创新治理的共商共享平台，服务于科学、技术、产品、市场的科技创新全链条，代表国家融入国际创新网络、深度参与全球创新治理，推动提升国际话语权。

（二）优化办会机制

强化组委会、执委会的顶层设计、议事与决策功能，明确办公室的执行决策、统筹协调功能。发挥好论坛执委会办公室职能，推动定期召开论坛组委会、执委会会议，研究审议论坛筹办工作的重大事项。可以充分发挥部委作用，增加主办单位，邀请各部委共同研究中关村论坛工作安排计划，包括拟牵头举办的平行论坛、拟邀请的重要国际国内嘉宾、重要国际组织，以及研究梳理可发布的重大成果，形成重大成果发布计划等，充分发挥好部委作用，形成合力支持论坛的举办。此外，针对论坛举办时间不固定，可能会对国内外专家学者等重要嘉宾的参会选择产生影响等问题，可以考虑将论坛举办时间固定下来，形成较为稳定的参会预期。针对日常

---

① 《2021 中关村论坛 9 月下旬在京举办》，https://www.sohu.com/a/477637828_ 115239.

办会力量相对较弱的问题，尝试为中关村论坛形成专门机构或力量，全面承担论坛筹办中的事务性、基础性工作。

（三）扩大论坛影响力

在延续已形成的论坛框架和版块设计基础上不断探索创新，进一步增强展览项目的代表性和高端性，强化发布成果的分量和权威性，提升大赛的国际参与度，丰富、活跃配套活动内容，扩大主题议题影响力，提升年度议题话题的热度、全球共识度和影响力。进一步做优常态化系列活动，促进科技创新资源国内国际双循环常态化、机制化。同时可以考虑将现有部委或市级部门牵头举办的重要科技类论坛纳入中关村论坛，强化中关村论坛的国家级平台地位和代表性。如中国科协、中科院、工程院主办的世界数字经济论坛，发展改革委、科技部、工业和信息化部主办的世界 5G 大会，市政府、工业和信息化部等共同主办的世界智能网联汽车大会，中国科协、工业和信息化部、市政府共同主办的世界机器人大会等。此外，加强宣传工作的整体谋划。以国家级平台的要求，统筹策划论坛宣传工作，建立常年宣传报道工作体系。设计、讲好"中关村论坛故事"，形成全方位、多渠道、立体化的论坛宣传势力，提高传播性、扩大影响力。

（四）提升国际化程度

加强与世界权威科技组织、国际重要学会协会的对接，扩大论坛国际参与和支持单位阵容，提升层级量级。面向科技界、金融界各领域顶尖公司遴选一批战略合作伙伴，扩大重磅级嘉宾邀请通路和渠道。进一步发挥中关村驻海外联络处、驻外科技参赞、外国商会的作用，广泛邀请国际政产学研界知名人士参加论坛，大幅度提升嘉宾数量级和重量级。

2021 中关村论坛展览（科博会）概述

　　中国北京国际科技产业博览会（简称"科博会"）是经国务院批准，由科学技术部、国家知识产权局、中国国际贸易促进委员会和北京市人民政府共同主办的大型国家级国际科技交流合作盛会。科博会创办于1998年，当时名称为"中国北京高新技术产业国际周"。从2002年第5届起正式更名为中国北京国际科技产业博览会，逐步形成集综合活动、展览展示、推介交易、论坛会议、网上展示推介"五位一体"的活动架构。为高标准推进北京"两区""三平台"建设，从2020年开始，科博会逐步融入中关村论坛，实现展论一体。2021年中关村论坛升级为国家级平台，科博会作为中关村论坛的展览板块，名称更改为中关村论坛展览（科博会）。

　　据不完全统计，前24届科博会先后有100多个国家和地区的1190个境外代表团参加，参展中外机构和企业有39080家，观众累计达到572.6万人次，举办论坛、推介交易1094场次，签署合同、协议、意向5685个，总金额10614.19亿元人民币，为展示国际科技创新中心建设成果、促进政产学研用协同创新、深化国际产能合作提供了重要平台。①

一、基本情况

　　2021中关村论坛展览（科博会）聚焦"智慧·健康·碳中和"主题，首次与中关村论坛同期同地举办，聚集优势资源，精心打造面向全球科技前沿、面向中小微初创企业、链接资本市场的"科技精品展"，实现论展

---

① 《中关村论坛展览（科博会）简介》，科博会官网，https://www.chitec.cn/web/static/articles/catalog＿ff8080812fd8119701301a7ab119057d/article＿40fcc03682a4a79c0182c4b1ace300d1/40fcc03682a4a79c0182c4b1ace300d1.html。

一体，共同打造面向全球高科技创新交流合作的国家级平台。[①]

本届中关村论坛展览（科博会）面积约 1.5 万平方米，分为综合馆、科技冬奥馆、医药健康馆、碳中和馆、省区市科技创新成果馆五个展馆，参展企业和机构 576 家，展期共 5 天，共有 26 个科技项目合作集中签约，其中北京经济技术开发区、房山区、大兴区等规模化产业基地签约项目 23 个。此次科博会以实际行动服务国家创新驱动发展战略，顺应全球开放合作大势，搭建汇聚中外政府组织机构、科研院所、知名企业等展示优秀科技成果、推动重大科技创新成果转化和国际技术转移的专业化、国际化交流合作平台，为助力北京国际科技创新中心建设、促进政产学研用协同创新、深化国际产能合作提供了重要平台，有力地推动了北京在技术、人才、资金等方面向全球化开放发展进程的深度对接。

二、主要工作与成绩

（一）汇聚高精尖核心技术，展现国家科技创新能力

本届科博会聚焦北京国际科技创新中心建设，集中呈现"三城一区"融合发展态势。精心筛选 210 家企业 288 个参展项目，把 1 号馆打造成精品综合馆，全面展现北京国际科技创新中心建设整体发展态势。如中关村科学城展示国内首个自主可控区块链软硬件技术体系"长安链"，我国首个、全球最大的万亿参数超大规模智能模型系统"悟道 2.0"，国内首款采用显存的通用 AI 芯片——昆仑芯片 2.0 等；怀柔科学城集合科研院所和行业领军企业，展示高能同步辐射光源、"怀柔一号"科学卫星、JF-22 超高速风洞等院市合作新成果；未来科学城展现创新药物、医疗器械、细胞与基因治疗、公共服务平台、医美、先进能源、新一代信息技术七大领域创新成果。北京经济技术开发区展位内，31 家企业的 70 余件展品分为智启·赋能、智造·驱动、智行·云控、智远·筑梦四个部分，瞄准新一代信息技术产业、机器人和智能制造产业、高端汽车和新能源智能汽车产业以

---

① 《探秘 2021 中关村论坛展览（科博会）5 个展馆里的精彩展项》，https://www.ncsti.gov.cn/kjdt/xwjj/202109/t20210928_ 45536.html.

及新兴产业，通过基础设施、产业设施等合理布局，实现区域内的城、带、轴、点"网络化"有机衔接和紧密配合，展示城市的多重风貌。①

（二）注重中小微企业创新，激发行业潜在科技动力

本届科博会以服务中小微初创企业为重点，精心筛选多家中小微初创企业，打造了展示、推介和洽谈的一体化平台，推动了高质量项目成果落地转化，以金融、财税支持政策为重点提出要落实企业从事基础研究的税收优惠政策，鼓励企业以捐赠形式建立基础前沿类研究基金，开展研发项目并获奖。对国家自然科学基金"企业创新与发展联合基金"进行优化管理，围绕企业重大发展需求、关键科学问题前瞻部署基础研究。

（三）响应国家科技战略，紧密追踪低碳环保发展趋势

本届科博会紧紧围绕国家科技创新的战略部署，围绕京津冀协同发展、2022冬奥会、碳达峰碳中和、医药健康等，展示新技术、新产品、新模式、新业态，示范引领相关产业高质量发展。展会聚焦自主可控的关键核心技术，汇聚国家能源、国家铁路、三一重工、京东、京东方、海尔等大批行业领军企业及独角兽、瞪羚企业，38家科研院所参展，助力创新链、产业链、供应链"三链联动"。展区以"走向碳中和——面向2060的未来城市"为主题，围绕城市碳排放的四个主要环节——能源、工业、交通及建筑，通过展示节能环保、智慧能源、智慧城市、物流管理等前沿科技领域的"高精尖"企业、产业园区及其前沿科技创新成果，为碳中和城市系统提出解决方案。展览涵盖了碳中和城市构想、碳中和城市能源供给、碳中和智慧能源电网、碳中和低碳工业体系、碳中和园区与建筑、碳中和交通、碳中和城市数据管理七个板块。参展企业均为联合国工业发展组织绿色产业平台会员单位，包括国能龙源环保有限公司、北京亦庄盛元投资开发集团有限公司、首都科技发展战略研究院、德国TÜV莱茵集团、

---

① 《2021科博会即将开幕，北京经开区将携企业高精尖科研成果亮相"智慧科技展区"创新中心》，https://www.thepaper.cn/newsDetail_ forward_ 14604267.

爱尔兰 EATON 集团、英国 CDP Global、山东北辰集团等。①

（四）结合数字经济与科技，营造优质观展体验

本届科博会以前沿科技产业领域为重点，大量收集科技招商项目并重点组织重大产业项目的签约和落地，推动会内与会外以及线上与线下的项目合作。人工智能、智能制造、第五代移动通信技术（5G）、智能驾驶、物联网、大数据、云计算、"互联网+"、"智能+"、运动科技、柔性显示应用、智慧城市、区块链技术、虚拟现实、增强现实、混合现实等成为重要的展览展示内容。如在北京市朝阳展区展示了 TaiShan 服务器、5G 通信终端测试设备、量子计算设备；三未信安、柏睿数据、影谱科技、晨晶电子等参展企业，分别推出了数字安全、数据处理、数字孪生等数字经济领域的先进技术与产品，展示了积极培育面向未来的新技术、新业态、新模式的成效。此次科博会开幕式有科技展演、云展视频展示和开幕仪式三项。科技展演用讲故事的叙述方式，运用全息成像、裸眼 3D 等全新技术手段，强化科技办展，对展场、展区进行整体设计，利用声光电等现代科技手段营造优质的观展环境和体验。

（五）拓宽区域合作范围，促进科技国际交流合作

加速科技成果转化、拓宽区域合作范围，不断提升展会国际影响力是科博会的重要指向。本届科博会聚焦区域协同创新，有来自美国、德国、法国、英国、日本、爱尔兰、匈牙利等国家及中国香港地区，联合国工业发展组织，以及各类跨国企业参展，国内 20 个省市区、计划单列市组织了278 家企业机构参展。同期举办的 10 场项目推介交易活动，吸引了国内外多位客商到会交流洽谈。

（六）聚集行业内高精尖人群，提升媒体宣传力度

本届科博会加大了新媒体平台刊发力度，首次使用北京日报和头条

---

① 《2021 中关村论坛展览（科博会）成功举办》，https://www.chinatradenews.com.cn/content/202109/28/c138746.html.

号、百家号、大鱼号、企鹅号等多平台刊发，扩大宣传范围。同时展会也受到了行业内高精尖人群和来自全球各地的记者和媒体的高度关注。其中，展览会人气旺盛，4 天接待观众 20 多万人次；12 场项目推介交易活动吸引了国内外近 6000 位客商踊跃参与；6 场论坛受到业界热捧；182 位国内外知名人士登台演讲，听众 5500 多人次。新华社、人民日报、中央电视台、美联社、路透社等 280 余家国内外主流媒体跟踪报道。①

（七）知识产权保护工作到位，保障展商相关权益

科博会高度重视知识产权保护工作。往届科博会已经开始启动知识产权论坛并对知识产权案例进行开庭审理，将知识产权引入到国际科技交流中，使评委们参与到经济活动中来，增强了海外投资者对知识产权保护工作的信心。

北京市知识产权局领导成立了科博会保护知识产权办公室，进驻科博会，维护展会秩序。本届科博会特邀了知识产权行业的专家参加，对展会进行知识产权巡查，受理侵权假冒申诉，并提供知识产权咨询。世界知识产权组织中国办事处第一次安排人员参加知识产权保护办公室现场咨询接待及其他活动。巡展期间，工作人员就 WIPO 工作机制和通过国际专利体系申请海外专利保护的有关情况向参展商家进行了介绍，对我国科技创新主体保护海外知识产权具有推动作用。

三、未来发展

（一）强化功能

进一步探索展论一体的创新模式，把科博会作为中关村论坛的展览板块，加强沟通协作，建立融合机制，实现优势互补、共同提升。此外，要持续提升科博会的功能定位，强化科博会对北京城市功能定位深化的推动，加强科博会对科技及经济社会发展的促进，在科技创新引领、知识产

---

① 2021 年中国科技博览会（北京科博会）官网，http://www.uzhanxun.com/plus/view.php? aid = 14300 2021.

权保护、成果转化见效、国际合作交流等方面发挥更大的作用。

（二）提升品质

加强优质资源汇聚。聚焦中关村论坛主题，培育行业顶尖的专题展览，做到"博中有专"。进一步延伸服务链条，争取中央单位优质资源，广泛邀请行业领军企业、科研院所参展，吸引更多行业展商和专业观众参与。

持续提升展会品质。完善展商和专业观众数据库，加大数字科技的应用力度，提高科博会优化办展全流程总体管理技术和场馆智慧服务水平，在市场开拓、宣传策划、招展布置、观众组织、活动安排、展后服务等方面，提供高效、细致、周到的专业服务，增强持续交易和成果转化功能，打造线上线下、会内会外高效对接的服务平台。

（三）优化机制

探索运行机制，创新办展模式，聚焦中关村论坛年度主题，科学制定科博会总体策划方案，进一步面向社会公开招募有关公司参与承担展览运营，形成全流程运行机制。充分发挥已有新机制优势，以深度整合为契机，梳理相关职责，制定详细工作方案，全面提升展会运行管理效率。持续强化科技办展，对展场、展区进行整体设计；加大现代科技手段的利用力度，增强观众现场体验感；加大科技助力抗疫的力度；认真执行有关制度，持续强化展览监督管理；加强并创新知识产权产权保护；广泛应用节能低碳新技术，避免耗资较大、奢侈浪费等现象。

（四）加大宣传

进一步拓宽利用各种媒体渠道，加大科博会的宣传范围和力度。建设好科博会官网及其系统界面，注重官方微博的使用，准确直播展会现场亮点，运用视频形式展示高科技展品，增强互动宣传。与参展商、观众一起通过网络开展线上活动，一方面推广商家，加强与观众的联系，另一方面提高展会知名度。进一步增加展会信息覆盖范围和推广周期，更好推广展会和参展商，让主办方与参展商双方都实现共赢。此外，还要加大海外宣传报道力度，开展以招商招展为目的的海外媒体宣传，进一步提升科博会国际影响力。

（五）拓展合作

持续拓展国际空间，加大境外推广力度。紧密配合国家战略以及企业发展实际需求，发挥政府部门、行业协会、贸促机构、参展企业的作用，搭建海外信息沟通平台和渠道；围绕展会主题，有针对性地制订境外邀请计划；与国际公关公司和各国驻中国商协会等中介机构建立战略合作关系，扩大对海外参展商招展力度，不断提升科博会国际化水平。

2021 金融街论坛概述

金融街论坛创立于 2012 年，在国内外金融界享有较高声誉，被誉为"中国金融改革发展风向标"之一。自 2020 年起，金融街论坛年会升格为国家级、国际性专业论坛，纳入北京市"两区""三平台"战略部署，成为北京市高质量发展和对外开放的重要平台和专业品牌。①

一、总体情况

2021 金融街论坛年会以"经济韧性与金融作为"为主题，于 2021 年 10 月 20 日至 22 日在北京市金融街核心区及金科新区举行。本届论坛年会由北京市人民政府与中国人民银行、新华通讯社、中国银行保险监督管理委员会、中国证券监督管理委员会、国家外汇管理局共同主办。

2021 金融街论坛年会在往届高水平、高规格的起点上，继续强化论坛年会作为中国参与全球金融治理发声平台、金融与实体经济良性互动平台、国家级金融政策宣传权威发布平台、金融业国际交流合作平台的定位。来自国际经济金融组织、国内外金融监管部门、宏观经济管理部门、头部金融机构、行业协会、代表性实体企业、高校及国家级智库、司法及媒体界的 400 余位嘉宾围绕构建"双循环"新发展格局等热点议题进行了讨论。

2021 金融街论坛年会下设"实体经济与金融服务""绿色发展与金融担当""双向开放与金融合作""数字经济与金融科技""治理体系与金融安全"五个平行论坛，共设置 35 个议题。邀请中国投资有限责任公司、国家开发银行、中国工商银行、中国银行、中国建设银行、中国人寿股份、

---

① 金融街论坛官网，www. financialstreetforum. com/zh/article/about/12.

北京证券交易所、中信证券、亚洲金融合作协会、北京金融法院、清华五道口金融学院、国家金融与发展实验室等23家单位参与议题策划和论坛执行。北京银行、国家开发银行、中国工商银行和中国光大银行给予论坛年会以战略支持。

二、主要特点

（一）论坛规模扩大，议题选择更为丰富

本届论坛年会下设的平行论坛版块数由2020年的4个扩展为5个，特别是增加了金融法制等议题安排，纳入了"治理体系与金融安全"平行版块；会议场地由2020年的5个增加为6个，在金科新区设立分会场；大会整体议题及专场活动由2020年的32个增加为41个，增幅近30%。

（二）聚焦全球视角，国际化程度进一步提升

论坛议题设置方面，本届论坛年会议题紧扣新发展理念，共设置了七项"聚焦"主题，其中第一项主题就是聚焦国际合作发展，论坛专门设置"一带一路"、RCEP、跨境投资、资本流动、市场互联互通等国际合作发展议题，围绕全球经济热点问题进行交流。

与会嘉宾方面，本届论坛年会邀请的境外嘉宾总人数达到140人左右，较2020年增加了130%，覆盖32个主要国家和地区，其中境外演讲嘉宾参与的全球性议题近九成。德国前总理施罗德、法国前总理拉法兰等国际政要，世界银行、国际货币基金组织、国际清算银行、世界贸易组织、新开发银行等国际组织官员，主要国家央行、银行保险证券监管部门官员，世界主要证券交易所负责人，淡马锡、贝莱德、黑石、桥水等国际金融机构的领军人物，知名学者，各国头部金融机构代表，国际司法界及实体企业代表，在研讨过程中通过视频连线或录播致辞的方式出席论坛，带来了新思考新理念。

（三）突出金融服务实体经济及金融科技创新发展

本届论坛年会议题设置方面特别突出了金融服务实体经济的本质和金

融科技创新发展。"实体经济与金融服务"平行版块共安排 7 场活动，涉及"金融创新助力制造强国""推进普惠金融高质量发展""提高直接融资比重"等 10 个议题，来自实体企业的发言嘉宾较去年增加了三倍。"数字经济与金融科技"平行版块共安排 9 场活动，涉及 11 个议题，合并举办了第三届"成方科技论坛"与"数字经济与金融科技"平行论坛，并扩展提升为全球金融科技峰会。"实体经济与金融服务""数字经济与金融科技"两个论坛所涉及议题数量占比超过本届论坛年会总议题数的 50%。

（四）发挥创新优势，特色活动亮点更为突出

本届论坛年会共设置 7 个专场活动，除了全球金融科技峰会、全球系统重要性金融机构会议之外，还与北京电视台合作重温论坛十年发展历程，与国家金融与发展实验室合作举办了"愿景 2022 特别活动"，并邀请周小川、林毅夫、李扬、诺贝尔经济学奖得主埃里克·马斯金（Eric Maskin）等重量级嘉宾出席；与中国银行合作探索举办"京港交流活动"，在香港设置异地分会场，以视频连线的方式围绕"人民币国际化"进行互动交流，两地政府主要领导出席并致辞；另外 3 个专场活动，分别为金融街发布、金融科技发布和监管政策发布。

本届论坛年会设置了 7 个边会及系列活动。同期举办了金融街论坛系列活动中外资交流活动，并在会场周边举办了"中韩日资产管理高峰论坛""双碳战略下低效楼宇提质增效国际峰会""国际视角下的中国 REITs 市场建设"闭门研讨会、"文化艺术与金融创新专场""金融科技洽商对接会——共谋金科新区新发展"等多场边会活动。

同时，本届论坛年会还设置了 5 个专题展览，在会场周边同期开设。其中，"红色金融历史展""冬奥数字人民币支付体验展"在金融街核心区展出，"金融科技创新监管工具应用展"和"金融科技发展历程展"在金科新区展出，"北京市各区特色金融展"在金融街论坛官网举办线上展览。[①]

[①] 《北京举行"2021 金融街论坛年会"新闻发布会》，中华人民共和国国务院新闻办公室。www. scio. gov. cn/xwfbh/gssxwfbh/xwfbh/beijing/Document/1714665/1714665. htm.

（五）遵守政策规定，严格落实防疫要求

本届论坛年会严格遵守北京市疫情防控有关政策规定，采取一切有利于疫情防控的措施，做好疫情防控相关工作，落实防控责任，做好参会人员、服务人员健康状况监测等一系列防疫工作。

本届论坛年会主会场北京金融街威斯汀大酒店承办了开闭幕式及6场平行论坛。主会场提前一个月开始内部沟通准备，确保各项工作职责清晰、任务明确、责任到人，并密切关注、及时研判京内外疫情形势变化，针对活动场地、人员规模和组成等有针对性地制定防疫保障措施。

三、主要成果

（一）发布一系列重要研究成果

2021年10月21日，2021金融街论坛年会举办"金融街发布"专场活动，集中发布了一系列监管部门及机构研究成果，聚焦金融发展前沿领域和热点问题。"金融街发布"在线下集中发布了各类金融智库组织的10项重大研究成果，包括《新华·国际金融中心发展指数报告（2021）》《金融街发展报告（2021）》《金融街发展指数报告（2021）》等。这些重要成果的发布标志着金融街发布的信源水平和信息质量继续提升，信息触角全面扩展。

《新华·国际金融中心发展指数报告（2021）》从金融市场、成长发展、产业支撑、服务水平、综合环境五个方面量化评价了国际金融中心发展情况。报告显示，全球最具影响力的前十大金融中心分别为：纽约、伦敦、上海、香港、新加坡、东京、北京、巴黎、深圳和法兰克福。

《金融街发展报告（2021）》和《金融街发展指数报告（2021）》以视频形式发布。两项报告均由中国经济信息社、北京金融街服务局、北京金融街研究院共同编写。《金融街发展报告（2021）》对2020年金融街发展进行了多维度的全景式分析，集中展现金融街取得的成效，对未来发展提出了展望与建议；金融街发展指数从金融管理、金融产业、金融环境三个维度，刻画了北京金融街的管理效果和产业发展水平。《金融街发展报告

（2021）》指出，截至 2020 年底，金融街已集聚各类金融机构近 1900 家、总部企业 175 家，区域内金融机构资产规模达到 116.2 万亿元人民币，占中国金融资产规模超过三分之一。

关于更好地推进金融街发展和建设，《金融街发展报告（2021）》建议，金融街应完善金融基础设施建设，推进国家金融管理中心建设；持续优化营商环境，提高金融服务品质；支持"两区""三平台"建设，提升金融街发展新动能；加强金融服务平台建设，助力金融服务实体经济；加快对外开放，打造全球开放新高地和世界金融新坐标。

（二）发布了 28 项金融行业标准

2021 年 10 月 21 日，在 2021 金融街论坛年会金融科技守正创新成果发布会上，中国央行组织发布了 28 项金融行业标准，涵盖金融产品与服务、绿色金融、金融数据、金融安全、支付清算、金融科技和金融监管等领域。金融标准发布总量较去年有所提升。其中，金融国家标准发布数量显著增多，发布了首个金融领域强制性国家标准；金融行业标准发布数量基本保持稳定，更好适应国家标准化改革布局。金融行业标准体系日臻完善，金融业高质量发展的态势初步形成。

（三）发布了数项金融支持政策

2021 年 10 月 22 日，2021 金融街论坛年会召开政策发布专场活动，中国人民银行、中国银保监会、中国证监会、国家外汇管理局共发布了 10 余项金融支持政策，助力北京高质量发展。包括：深入实施贸易收支便利化试点；继续开展跨国公司本外币一体化资金池试点；加快推动数字人民币试点实现场景全覆盖；提升北京地区跨境贸易和投资自由化、便利化程度等。

（四）释放进一步扶持小微企业的信号

2021 年，面对复杂多变的国际形势以及散发的国内疫情、洪涝灾害等多重冲击，我国经济展现出强劲韧性。本届论坛年会释放出进一步扶持小微企业，发展普惠金融的信号。北京证券交易所表示，将紧紧围绕中小企业这个主体，不断深化改革、优化服务，构建覆盖中小企业全链条的金融服务体系，探索资本市场发展普惠金融的"中国方案"。

（五）释放出推动金融高水平对外开放的信号

当今我国已进入新发展阶段，构建以国内大循环为主体、国内国际双循环相互促进的新发展格局，是根据我国发展阶段、环境、条件变化，特别是基于我国比较优势的变化，审时度势做出的重大决策。通过加强金融合作促进供应链、产业链对接互融具有重要意义。本届论坛年会释放出进一步推动金融高水平对外开放的信号。在"双向开放与金融合作"平行论坛上，与会嘉宾一致达成共识，全球主要国家应共同推动金融双向开放，加强国际合作，携手打造更加紧密稳定的全球经济循环，促进全球经济可持续复苏。

四、未来发展

（一）立足全球视角，进一步提升国际化程度

本届论坛年会聚焦国际合作发展，专门设置"一带一路"、RCEP、跨境投资、资本流动、市场互联互通等国际合作发展议题，广泛邀请了来自全球各地区的境外嘉宾，其中有境外演讲嘉宾参与的全球性议题比重近九成。

当今世界正经历百年未有之大变局。我国已进入新发展阶段，为贯彻新发展理念，致力于积极推进供给侧结构性改革，构建国内国际双循环格局。从金融角度来看，进一步扩大对外开放是我国金融改革的重点之一。未来应充分发挥金融街论坛年会作为"中国金融改革发展风向标"的重要作用，释放更强的对外合作交流信号，立足全球视角，加强中国与各国际组织的联系，提升全球范围内的覆盖率，进而提升国际化程度。

（二）进一步聚焦金融服务实体经济以及金融科技创新发展

发展实体经济是一国立身之本、财富之源，是国家强盛的重要支柱，是建设现代化经济体系的坚实基础，是构建未来发展战略的重要支撑。近年来，从坚持金融为实体经济服务到推动数字经济与实体经济融合发展，

再到推进产业基础高级化、产业链现代化，一系列政策举措增强了我国实体经济的创新活力和发展后劲。实体经济作为构建新发展格局的重要基础，将迎来历史性发展机遇。提升金融服务实体经济这一热点话题必将长期受到各界专家学者的广泛关注。

金融科技已成为赋能资本市场高质量发展的重要动力，金融科技可以在技术层面、数字层面上更好地实现金融功能，在效率、成本、触达、服务和业态方面能够给金融机构提供新的契机。在金融服务实体经济过程中，要以数字技术为载体积极开展金融科技服务创新，金融科技创新应坚持"脱虚向实"，在服务实体经济发展中发挥好基础性作用。

(三) 立足坚守底线思维，进一步聚焦金融法治保障建设

2021 年 3 月 16 日，最高人民法院公布《最高人民法院关于北京金融法院案件管辖的规定》，为即将挂牌的北京金融法院准确适用法律提供了制度保障。2021 年 3 月 18 日，北京金融法院正式在北京宣布成立。北京金融法院的成立旨在服务保障国家金融战略实施、营造良好金融法治环境、促进经济健康发展的重要举措。

以此为契机，本届论坛年会特别新增了金融法治等议题安排，并纳入"治理体系与金融安全"平行板块，与会嘉宾从多个角度就"创新金融法律服务促进金融法治发展""法律服务助力金融风险防范与化解""法治协同护航金融高质量发展""金融服务实体经济的法治保障""金融风险防范的法治路径""金融双向开放的法治合作""RCEP 推动全球治理体系改革""蓬勃发展的区域开放与创新实践""高质量经济发展与金融人才使命担当"等议题展开了充分讨论。

防范风险是金融工作的永恒主题。近年来，经济一体化和金融全球化进程的推进以及金融科技的发展对我国金融监管带来了新的挑战，金融监管制度的创新变得尤为重要。未来金融街论坛应持续聚焦金融法治保障金融建设，充分发挥"中国金融改革发展风向标"作用，为未来我国金融监管制度的完善提供更多行之有效的新观点新理念。

(四) 进一步推动打造中国金融改革发展风向标

2021 年是金融街论坛举办的第十年。十年来金融街论坛实现了从无到

有、从小到大的跨越，伴随着中国经济的高速腾飞、全球变局下的金融合作与改革，成长为国家级、国际性专业论坛。金融街论坛从诞生之日起便与国家金融改革发展紧密相连，始终把促进和深化金融领域全球交流与合作、提升首都金融品牌影响力作为重要职责。未来金融街论坛应持续推动打造中国金融改革发展风向标，不断面向国际发出"中国声音"，成为中国参与全球金融治理的信息窗口。

第四部分 **商业会展**

2021 北京商业会展概述

伴随着会展经济在经济社会发展中的地位和功能的不断提升，在政府主导型展会搭建平台、影响力持续提升的同时，商业会展也呈现快速发展的态势，对于发挥各类办展主体的积极性，促进贸易经济、营销展示，丰富展会内容，提升消费等发挥着积极的作用。北京在建设国际会展之都的过程中，不仅要推动政府主导型展会的建设，搭建好平台，发挥好引领促进作用，而且要大力推进商业会展的繁荣发展，整体提升北京会展经济水平。2021 年是"十四五"的开局之年，虽受到新冠肺炎疫情的持续影响，但是北京商业会展也呈现出诸多新特色和新亮点。

一、主要特点

从北京各大场馆 2021 年展会排期资料看，北京商业会展仍然富有生机和活力，所涉行业广泛，主题鲜明突出。既涉及生产，又与生活消费密切相关；既有制造产品，也涉及服务和文化；既有传统行业，也涉及高新技术领域。展会的时尚性、前瞻性、互动性等受到参展商和观众的欢迎，反映出北京作为首都和国际都市，在推进"四个中心"建设以及国际消费中心城市建设过程中逐渐发力，特色也在彰显和呈现。

（一）展会产品创新程度高

商业展会吸引参展商和观众的重要因素是展会主题和内容，以及相关产品和服务的创新性、时尚性、前沿性等。因此不断提高展会品质，提供最新的产品和服务以及相应的商机资讯便成为商业会展成功举办的重要影响因素。

以 2021 国际冬季运动（北京）博览会为例，组委会设置了近 2 万平方米展示区域，举办了 20 余场国际论坛、行业大会及多场洽谈交易等配套活动，吸引了 500 余个国内外品牌参展。本届冬博会继续深化冰雪嘉年华专区的吸引力和体验感，为冬季运动装备生产企业提供多种形式的演示和推介活动以吸引买家体验与新产品测评；为大众提供真冰秀场、仿真冰体验、造雪屋和仿真雪越野滑雪等冰雪体验活动；举办多种形式的小型大众赛事，激发民众上雪、上冰热情，推广中国冬运文化，普及冰雪知识。

在第十九届中国国际环保展中，水专项、国家先进污染防治技术目录、环境技术进步奖等汇聚的优秀技术和成果隆重登场。第 25 届北京餐饮食材展览会以"安全食材、健康饮食"为主题，全面展示健康餐饮食材，从源头到餐桌、从原料到成品、从食品配料到相关设备，展会全力打造行业内最为丰富的一站式餐饮全产业链供需平台。吸引餐饮各领域原材料供应商、配套服务商、品牌运营商及行业技术创新资源等，着力引进更多优质地标产品展示面向华北大市场，在积极推动食材从田间到餐桌转化的同时，通过扩大数字化、智能化的技术产品展示，加大餐饮场景多元化的需求配套品牌引进。在第十七届中国国际机床展览会（CIMT 2021）中，1503 家展商携 10 多万台（套）机床工具产品集中展示，展示水平和品种、规格的覆盖面均创出新的水平。

（二）数字化特征鲜明

近年来，随着互联网、大数据、云存储等数字技术的成熟，数字化已经与我国各行各业相融合，北京商业会展也不例外。数字化是商业展会提质增效的必由之路。数字化对会展企业管理经营、对会展业务开展、对会展经济高质量发展等方面都具有十分重要的意义。

在第三十二届中国制冷展中，组委会积极采用"互联网+"技术，在疫情防控的大背景下，借力新媒体全方位宣传展示展会，让不能亲临现场的国内外用户和观众参与到展会中来。在技术方面，实现了社会输出并成功运用于白酒生产厂、机场、医院、政府大楼等公共建筑场景中，为工业领域做出了重大贡献。

第十九届中国国际环保展秉承办展宗旨，汇聚环保产业翘楚，展示了创新技术装备、商业模式、理念及经验等方面新成果。展会形式开启了线下+线上的双线融合，展会内容聚焦于产业创新和科研成果转化。

在 2021 国际冬季运动（北京）博览会期间，同期举办"线上冬博会"，作为跨空间、跨地域、全球联动的"云"平台，不仅针对多场平行论坛及现场活动进行了高效率、高品质直播，更基于线上与线下相结合的手段，实现全球联动，打造了永不落幕的冰雪产业交流交易平台。规模更大的线下展，加上覆盖更广的线上展，可有力提升冬博会促进冰雪产业升级的实效，进而加速全球冰雪产业复苏①。

（三）管理体系逐渐完善

随着我国经济社会步入高质量发展阶段，会展行业管理的科学性、规范性、高效性要求更为突出。完善管理体系及相关政策是北京商业会展业健康稳定发展的重要保障。在各个展会上，主办方积极推动会展管理与时俱进和高水平提升，不仅利用现代科技手段，而且更加重视流程管理，注重风险防范和安全生产。面对新冠肺炎疫情，积极开展防控管理，从疫苗接种、流行病学调查、健康筛查到核酸检测，对参展商和观展人员进行统筹管理，一手抓疫情防控，一手抓展会举办。

例如，在第三十二届中国制冷展中，组委会严格落实知识产权保护工作，通过与参展商签订知识产权保护承诺书、建立企业违规黑名单、设立知识产权服务咨询站台等项工作，扎实推进保护知识产权行业行为规范。在疫情防控常态化的背景下，组委会严格落实国家及地区办展要求，为参展商和观众提供安全的展示交流平台。

（四）绿色低碳化融合度深

坚持绿色低碳化理念办展，不仅可以为生态文明建设做出贡献，助力人与自然和谐共生发展，还可以利用绿色环保材料可循环使用的特点，节省企业自身的办展成本。商业会展为了顺应时代发展要求及降低成本、提高效益，需要更加关注绿色低碳办展。

在第十九届中国国际环保展览会上，杭州海康威视数字技术股份有限

---

① 《"冰雪力量"助力冬奥 2021 国际冬季运动（北京）博览会将于 9 月初举行》，央视网，http://m.news.cctv.com/2021/07/21/ARTIYB1CTVPbGqzcQEFJ1RsP210721.shtml.

公司作为世界领先的安防产品和行业解决方案供应商，现场为用户呈现企业智慧环保业务解决方案。如何树立绿色低碳发展理念，推动商业会展各环节、各流程绿色低碳化发展成为众多会展企业和展商的选择。

（五）受疫情影响大

商业会展受疫情冲击很大。每当有疫情反复，则商业会展"非必要，不举办"。这种情况容易导致主办方和参展商的成本增加，而观展人员的观展积极性也在下降，消费欲望则下降更甚。商业展出效果受疫情影响，人气下跌；参展商的营业目标达成率下降，参展欲望也会降低。同时，对于延期举办和取消举办的补偿要求，也使主办方的成本不断提升，经营压力变大。

由于疫情原因，经常发生主办方在筹展中途延期的情况，这对招展工作的打击很大。如果延期过久或者取消举办，前期的工作和广告宣传费用就会直接成为沉没成本，损失惨重。在多种不确定因素叠加影响下，商业会展的品质与数量都会降低。

二、未来发展

商业会展经济带动作用大、辐射效应强，未来一定要早做规划，明确行业发展方向，进行高水平策展及会展管理，做好"以会引商，以展引人"，使北京商业会展业健康蓬勃发展。

（一）高端化发展

随着人均收入的不断提升，人们对于高端服务型展会的需求越来越大。未来的商业会展要向高端化发展，包括与数字科技深度融合、企业品牌定制服务、高端展览场馆建设等。要不断推进高端化发展才能吸引更多的参展商和观众。

（二）国际化发展

随着北京城市功能深化以及国际消费中心城市的建设，北京商业会展未来的发展趋势一定是深度国际化。组委会和主办方要积极打通国际品牌参展通道，扩大境外宣传推广力度，以海外媒体为抓手，制订一系列海外品牌邀请计划，甚至可以引进国外成功的优秀商业会展，再与本地品牌相融合，不断提升商业会展国际化办展水平和国际影响力。

（三）便利化发展

对符合规定和支持方向的展会，北京市相关政府部门应制定相应的便利性措施，对商业会展的举办提供便利服务，在各环节给予政策支持，对重点国际性商业会展可以采取"一会一议"、具体问题具体分析的指导政策，提供个性化的服务支持。

对于参展商来说，应当给观展人员提供更多的优惠和便利服务，以"线上+线下"的全新模式，对观展人员购买商品和服务提供线上预约、优惠福利、优先提货等便利性服务，以调动观展人员的消费积极性。

（四）区域协同发展

随着数字科技以及市场一体化程度的不断发展，商业会展区域协同已成为必然趋势，策展、会展管理、基础设施场馆和资源共享等将呈现出更大范围的协同特征。因此要加大会展企业联通、联动、协同，在融入平台经济、共享经济过程中提升获利能力和风险应对水平。在虚拟场馆、线上会展、数字科技的应用方面加大推动力度。一方面要避免重复建设和资源浪费，另一方面要实现更加明显的规模经济、范围经济和网络经济效应，为具有国际竞争力的会展企业建设和品牌培育创造条件。

促进北京商业会展高质量发展措施和效果分析

王海文　王廷鹜

摘　要：在我国步入高质量发展新阶段的大背景下，北京商业会展向高质量发展转型是构建以国内大循环为主体、国内国际双循环相互促进的新发展格局的重要力量。本文采用案例分析法，通过分析第十七届中国国际机床展览会、第三十二届国际制冷、空调、供暖、通风及食品冷冻加工展览会等优秀商业展会顺利举办的成功经验，认为北京商业会展高质量发展转型的关键方面在于提高会展创新水平、推动数字化融合发展、响应商业会展政策、吸纳高质量会展人才、提供知识产权保护服务和绿色低碳化发展六个方面。通过加强上述六个方面建设，北京商业会展可以在数字化、智能化的时代浪潮下勇立潮头，提升整体展览品牌形象和名誉度，增加国际影响力，增强会展业本身的全产业辐射效应，拉动北京经济增长。

关键词：商业会展　高质量发展　措施

一、引言

商业会展是指由会展企业或商业协会所组织的各种商业性质的会展活动，具体是指在一定的时空范围内多家参展企业集中与国内外参展人员直接沟通，边展边销，以展促销，将产品展示、宣传、销售、调研有机结合的会展类型。在我国经济社会迈入高质量发展阶段，北京商业会展的提质增效和高质量发展成为北京会展业发展的必然趋势以及建设国际会展之都的必然要求。

通过推进高质量发展，构建新发展格局，深化供给侧结构性改革，依托国内统一大市场，打通国际国内双循环发展路径，北京商业会展可以进一步增强产业韧性，提升规模效应，促进国际化发展，提高抗风险能力。近年来，为了促进商业会展的高质量发展，北京采取了多方面的措施，取得了积极的成效。本文以中国国际机床展览会、中国制冷展等展会为例，分析北京商业会展高质量发展措施及其效果，以助力北京商业会展的繁荣发展。

二、北京商业会展高质量发展措施

（一）提高会展创新水平

创新是商业会展赢得参展商、观众、市场及各方利益相关者认可，能够在竞争中取胜、达到办展目标的关键因素。北京商业会展的高质量发展需要将创新置于更加重要的位置，贯穿于策展、组展、办展等一系列活动中，不断提升会展管理水平、会展产品质量和服务质量。从目前北京商业会展状况看，各办展主体十分重视最前沿、最新产品和服务的展示和呈现，最新资讯信息的传递和分享，同时注重办展理念的与时俱进、数字科技的应用、会展发展模式的创新，从而以丰富、多样、时尚、前沿、新颖的特点提升展会的影响力。

以北京国际展览中心有限公司承办的第三十二届中国制冷展为例，中国市场在全球经济衰退大环境中展现出了极强的韧性，吸引了国内外大小企业纷纷参展，积极展示新技术与新产品，展品种类大大增加。同时，展区组织开展创新产品评选活动，丰富的展示专区给予制冷行业内的前沿技术和最新产品可以充分展示的平台，对后续的企业与市场对接和招商引资等具有重要作用。从中不难发现，技术革新与产品创新是商业会展不断向好发展的关键变量。展会规模的扩大，企业产品营销和吸引投资，国内外参展人员的观展质量和消费体验，都依赖于行业内技术和展会举办水平的创新。

在"十四五"规划和"两区"建设政策的加持下，北京商业会展企业秉承"创新是发展的第一动力"关键要义，积极拓宽办展理念，推陈出新，举办国家战略展、国际知名展、国际品牌展、新兴科技展，吸取国内外优秀商业会展举办经验，加强参展产品的创新性审核，要将各行业最前沿的动态呈现给观众，同时自身也更加重视建设创新性展会承办。

（二）推动数字化融合发展

我国会展行业受新冠肺炎疫情影响严重而谋求转型发展，这对于北京商业会展企业来说是一个新机遇。伴随着互联网、大数据、云存储等数字技术的成熟，数字化已经与我国各行各业相融合。线上商业展可以摆脱地域的限制，让身处各地的人员都能参展。不仅如此，人工智能、数字支付、快递物流等新基建的普及与发展，能够使参展人员高质量观展、便捷消费、安全收货，大大提高了商业会展的经济带动作用。商业会展企业通过线上虚拟、线上线下混合模式以及推进数字科技在会展各环节的广泛应用实现了高质量发展转型。北京在推进"五子"联动，加快全球数字经济标杆城市建设过程中，有条件推动商业会展与数字经济和技术的深度融合，从而加快会展产业转型升级的步伐。

以第十七届中国国际机床展览会为例。在该展会上，机床工具互联互通收到行业内的广泛关注。展会现场，来自30多家参展商的96台机床通过NC-Link协议接入和采集数据，并在展会上进行展示。另外，来自多个智能工厂的1349台设备通过NC-Link以远程方式接入至展会现场进行展示[①]。与会企业积极通过"互联网技术+机床"的全新融合模式，向业界展示了由物端到云端的数字生态控制构架，从链接至应用，构建起了新生的中国数字机床控制生态。同时，企业还灵活把握市场趋势和政策大环境，在疫情防控常态化的大背景下，科学识变、积极应变、勇于求变，将商业会展与智能科技相融合，培养起参展商和客户对于出席和参与会展的新习惯，形成全新的运营体系和盈利模式，并设立线上办展、线上线下融合模式办展、数字化支付等多种经营模式以应对环境冲击。

---

① 《CIMT2021展会综合报道》，http://www.cimtshow.com/level3.jsp?id=5041.

（三）响应商业会展政策

商业会展的举办涉及因素多且复杂。积极了解并响应相关会展政策成为商业会展顺利举办、不断发展的重要方面。特别是面对不断变化的社会和市场环境，会展企业必须及时了解政府方针政策，提升政策解读、把握和应用的能力。近年来，国家、北京市出台的有关规划、意见等涉及大量关于会展产业发展的内容和措施，成为北京商业会展高质量发展的重要推动力。例如，北京市商务局、北京市财务局、北京海关在2019年5月印发的《关于促进我市商业会展业高质量发展的若干措施（暂行）》，鼓励展览与会议融合的新型商业会展，对规模超过200人的，给予主办方不超过30万元奖励；关联展会整合后，展出面积和观众数量超过整合前最大规模展会50%的，给予主办方不超过50万元奖励；加强品牌展会国际宣传的，给予主办方不超过30万元奖励，等等。重视和运用政策，是商业会展企业复苏发展的重要一环。北京商业会展企业以政府政策为运营基础、发展依托和方针导向，根据最新政策调整运营策略和市场布局，利用政策内容保障自身发展状况，解读政策要求，同时制定发展规划和目标，不断助推会展企业的发展以及办展质量的提高。

（四）吸纳高质量会展人才

随着北京不断深化"四个中心"功能定位，商业会展的规模将会不断扩大，高素质会展人才的缺乏将对商业会展高质量发展产生不利影响，不能有效保障会展的成功举办、观众参展体验的提升以及社会各界的广泛认可。近年来，新媒体时代的会展营销方式正在不断发生改变，互联网思维贯穿了整个大型会展项目的各个环节。不仅如此，随着经济全球化的不断加深和我国进一步的对外开放，企业办展的国际化程度势必越来越高，国际展商必定持续增多。这些大环境的变化都要求商业会展企业必须拥有以多种营销为基础、具有互联网思维、外语水平高的新时代会展人才。北京商业会展企业不断吸纳招收线上平台搭建、展会运营、数据管理、后期维护等方面的多元化人才，为北京商业会展的高质量发展提供了较为坚实的人才保障。

（五）提供知识产权保护服务

企业承办商业性会展时，必须关注展会知识产权保护问题。知识产权保护的力度与成效已经成为衡量北京商业会展举办质量的重要因素，也是决定参展商数量和质量的重要方面。若发生侵权抄袭事件，将会极大地影响展览现场的秩序，降低展会的口碑，同时也会使参展商的产品和服务得不到保护而蒙受巨大的经济损失与名誉损失。

北京商业会展企业已经认识到了保护知识产权的重要性，并付诸行动。在第三十二届中国制冷展上，组委会积极开启展商资质审查，邀请法律、知识产权方面的相关专家来现场办公。可以看出，北京商业会展企业在承办商业会展的过程中，重视知识产权保护，不仅对参展商的产品和服务予以保护，还对展会本身的设计、广告宣发等方面进行保护，设置配套的专家咨询体系及知识产权保护中心等，明确关于知识产权维权投诉的条件和流程。对于无专利产品进行登记，并为产品申请知识产权保护提供便利条件，由此对知识产权的创造、保护、管理和服务提供了全方位的服务。

（六）促进绿色低碳化发展

为推动我国经济可持续发展，绿色低碳发展正成为我国社会经济转型的大趋势。若想实现会展产业高质量发展，必须在新发展阶段贯彻新发展理念，进行绿色低碳化发展转型。

在场馆设计上，北京商业会展企业主动使用绿色环保产品，增加场馆内绿色低碳实践和倡议；在活动布展、设计空间布局时，多进行简约化设计，以降低资源消耗；在选择展具时，优先选择便于运输、可反复使用类型产品；在展览设计整体用料选择上，则优先选择天然材料、可降解的人造材料、可再生循环使用的环保材料等。在参展体验上，加快展会与数字技术相融合，不断推出线上办展、无纸化办展，甚至以绿色低碳为主题的展会，以科学技术赋能展会运营。人工智能的应用可以降低人力资源的需求和消耗。电子门票、电子合同、数字支付等更是在提供便利的同时，为商业会展行业向绿色低碳转型做出了贡献。

三、北京商业会展高质量发展效果分析

(一) 高质量产品吸引消费

随着生活水平的不断提高，人们不再满足于普通的商业展览与消费，创新型展会设计成为吸引各界参展人员和带动消费的重要手段。商业会展企业的新发展路径应以创新融合业态为载体，不断推陈出新，吸引高质量和高附加值的产品参展或者举办创意展等，将参展人群扩大到年轻用户群体，如此可以更好地迎合现代消费者的需求，能够更好地发挥会展的辐射带动作用。

在第十七届中国国际机床展览会上，各家创新展品异彩纷呈。华中数控利用 AI 技术对数控系统进行融合升级，实现自主感知、学习、决策和执行。秦川集团带来了行业内最先进的滚齿机、智能车床等深耕先进设备制造的成果。除此之外，还有数控系统加持的动态监测功能、智能激光切割系统等行业内创新高质量产品。[①]

商业会展企业通过创新内容高质量办展、通过加强品牌建设和优质项目引入，促进了北京商业会展从传统的会展业向技术含量更高的现代化产业转型，更好地满足了人们对美好生活的需求，增强了产业的溢出效应，打造了属于自己的商业会展产业集群，形成了一批具有北京特色的国内、国际品牌展会，促进了国际消费贸易量的增长，持续激发着消费潜能和活力。

(二) 数字化融合降低成本

在复杂的市场环境和疫情防控的双重压力下，北京商业会展企业主动谋求数字化产业融合，打造商业会展新模式，既降低了运营成本，又扩大了宣传营销受众。在"十四五"时期的复杂发展背景下，多元化的办展模式对于稳定北京商业会展数量，提升观展体验，持续推动商业经济发展以及构建数字化生态产业链具有重要作用。

---

① 《CIMT2021 展会综合报道》，http://www.cimtshow.com/level3.jsp?id=5041.

在第十七届中国国际机床展览会上，主办方为了扩大展会宣传范围，首次配套了线上展览会，吸引了超过 960 多家展商携 2200 多件产品参展。观展方面，观众可以通过企业的线上介绍、图片、视频和三维模型等方式，了解产品的详细参数、技术亮点等。部分展商还可以在线上进行直播宣传，使观众更直观地了解其产品和服务。[①]

通过企业不断创新进行数字化融合的"线上+线下"办展模式，有效地满足了新发展格局下的市场需求。面对以互联网、大数据、云计算等为代表的数字技术的蓬勃发展，北京商业会展企业迎头赶上，积极求变，利用数字技术整合北京乃至全国商业会展市场需求，提升展会场馆的智慧服务水平，优化办展全流程整体管理技术水平，提供高质量的商业云会展、招商引资等服务，合理平衡地配置全国商业会展市场的供需，加强资源的有效利用。不仅如此，北京商业会展还可以利用 3D、VR 等技术打造数字化虚拟展馆，既能够提供沉浸式的观展体验，还可以加强数字化展会的产品营销水平和多元化的服务，在为参展商和观展人员提供数字服务平台的同时，还能提供数字交易的"会议室"，如此既能保证双方都有良好的参展体验，又可以提高双方贸易往来的可行性。

（三）响应政策享受补贴

商业会展企业在谋求发展过程中，通过积极关注北京商业会展政策，归纳吸收政策中的目标、要求和方向，举办符合政策要求的商业性会展。从政策中获取补贴，一定程度上降低了企业经营商业会展的成本。同时，政策的前瞻性、科学性、系统性又可以作为企业自身发展的依托和战略方向，对于中小型商业会展企业来说，这更是关系未来发展的重要指引，能够帮助其在复杂时期度过困境。

北京商业会展企业关注国家大方针以及对会展行业的整体政策要求，不断稳定、优化展会举办和应急情况处置等环节，明晰供应商和办展机构权责，保护参展人员和消费者的合法权益，维护商业会展市场的繁荣稳定。结合疫情防控大背景，制定可以统筹防疫与展会承办的创新方案，

---

① 《CIMT2021 展会综合报道》，http://www.cimtshow.com/level3.jsp?id=5041.

可以使商业会展行业在"稳经济，促增长"的经济大趋势中发挥重要作用。

在第三十二届中国制冷展中，组委会严格落实国家和地区的办展要求，在疫情防控常态化的大环境下，积极制定灵活的防疫政策，在不影响展会效果的情况下，保证了参展商的参展体验和观众的观展体验。

（四）吸纳人才建设核心竞争力

高质量人才是北京商业会展高质量发展的核心和基础。企业必须吸纳高质量商业会展人才，招贤纳士，组成以会展策划、运营、管理类人才为核心，以广告设计、展位设计类人才和产品讲解、产品营销、会展招待类人才为重要组成部分的商业会展服务架构，不断提升北京商业会展的承办质量、服务水平、观展体验，形成具有北京特色的高质量会展人才体系，这是北京商业会展实现高质量发展的重要基础。

随着行业内具有现代化创新思维人才数量的不断增多，企业便可以充分利用北京产业园和人才的聚集优势，享受北京商业会展业的规模效应和正外部性收益。北京商业会展的承办质量、服务水平、参展体验才会不断提升，北京商业会展才能稳步迈向高质量发展阶段。

（五）保护知识产权保障收益

北京商业会展企业通过不断加强知识产权保护工作，不仅能够保障参展商和展会的合法权益，更能为自身打造良好的品牌口碑打下基础。保护知识产权就是保护创新，保护创新才能使得高质量人才能创造、敢创造、想创造。

北京商业会展企业在办展过程中重视知识产权保护工作，打造了一个良好的经营环境和氛围。大力推进知识产权保护工作不仅是企业自身完善参展产品的安全体系建设的组成部分，还是北京整个商业会展高质量发展产业链建设的重要一环。此外可以增加其在国际商业会展行业中的知名度，进一步吸引国内国际商业展会在北京选址举办，由此不断扩大产业聚集效应，这是促进北京商业会展高质量发展的有效手段。

在第三十二届中国制冷展上，组委会在广邀十余个国家的 1225 家参展商莅临展会后，积极开启展商资质审查，与各个展商签订知识产权保护承诺书，并设立一系列知识产权保护措施，甚至邀请法律、知识产权方面的相关专家来现场办公，为参展商提供知识产权保护方面的相关服务，表现出组委会对知识产权保护的重视。

（六）绿色低碳促进可持续发展

企业通过不断推进商业会展绿色低碳化转型，将技术变革融入承办展会的过程，一方面，响应了政府的号召，将生态文明建设作为发展的目标之一；另一方面，企业通过循环使用办展材料达到了降低成本的目的。无纸化、电子门票、电子合同等具备长期使用的特点，其边际成本不断递减，在具备创新、便捷、环保等特点的同时，还可以减少碳排放，促进绿色转型。

北京商业会展企业在场地搭建过程中，通过在展馆设计中添加绿色低碳元素，形成普适、可反复使用、有自己特色的低碳设计或者小程序生态，不仅能促进商业性会展绿色低碳化转型，还可以打造企业自身的文化模式，增强竞争力，并吸引更多的参展商和观众。

四、结语

国家"十四五"规划的落地，展现了我国扩大开放的决心，对构建以国内大循环为主体、国内国际双循环相互促进的新发展格局具有重要推动作用。北京在推进"四个中心"和"两区"建设过程中，更要勇挑经济转型发展重担。北京商业会展作为产业聚集性高、经济带动作用强、辐射范围广的商业服务业，更是推进北京高质量发展的重要力量。

从目前北京商业会展推出的高质量发展措施及其效果看，北京商业会展相关引导和支持措施在逐步加强，效果也在显现。重要的是要深入研究当前商业会展及相关企业面临的问题、难题以及未来发展的趋势和要求，不仅要提出创新性举措，而且能将这些措施真正落实到展会和企业身上，发挥更大的政策效应，由此为北京会展业的繁荣发展注入更大的动力。

Measures and Effect Analysis of Promoting High-Quality Development of Beijing's Commerciral Convention and Exhibition

Wang Haiwen, Wang Tingao

Abstract: Under the background that China has stepped into a new stage of high-quality development, promoting the transformation of Beijing's commercial convention and exhibitions to high-quality development is an important force to build a new development pattern with the domestic big cycle as the main body and the domestic and international double cycles promoting each other. This paper adopts the case analysis method to analyze the successful experience of 17th China International Machine Tool Exhibition, the 32nd International Refrigeration, Air Conditioning, Heating, Ventilation and Food Refrigeration Processing Expo and other excellent international commercial convention and exhibitions successfully held, and believes that the key aspects of high-quality development and transformation of Beijing commercial convention and exhibitions arc to improve product innovation quality, develop digital integration mode, respond to the policies, attract high-quality exhibition talents, provide intellectual property protection services and green low-carbon development. By strengthening the construction of the above six aspects, Beijing's convention and exhibition industry can bravely rise to the forefront in the era of digitalization and intelligence, improve the overall exhibition brand image and reputation, increase international influence, enhance the whole industry radiation effect of the convention and exhibition industry itself, and drive the economic growth of Beijing.

Keywords: Commercial Convention and Exhibitions; High-Quality Development; Measure

第五部分　专项研究

新发展理念下北京会展业高质量发展研究

李萍　叶素君　何敬儒*

摘　要：高质量发展是"十四五"时期经济社会发展的主题，也应是会展业发展的主基调和主旋律。本文基于新发展理念，构建包含创新、协调、绿色、开放、共享五个维度的会展业高质量发展分析框架，界定会展业高质量发展的基本内涵，阐释会展业高质量发展的重要作用，剖析会展业高质量发展所涵盖的企业层面、产业层面和宏观层面。在理论分析的基础上，根据收集的资料对北京会展业高质量发展状况进行综合评价，分析其进展与成效、问题与瓶颈，最后提出北京会展业高质量发展的五大行动路径：第一，创新是会展业高质量发展的核心驱动，要坚持创新驱动发展；第二，协调是会展业高质量发展的内在要求，要注重协调发展；第三，绿色是会展业高质量发展的持续之路，要贯彻绿色理念；第四，开放是会展业高质量发展的必由之路，要坚持开放发展；第五，共享是会展业高质量发展的价值导向，要追求共享发展。

关键词：北京　会展业　高质量发展　新发展理念

一、引言

中国经济发展已进入"新常态"，由"高速增长"转向"高质量发展"。高质量发展，是新时代经济发展的基本特征，是"十四五"时期经

* 李萍：经济学博士，北京第二外国语学院经济学院讲师，主要研究方向为国际贸易理论与政策、中国经济发展问题与对策等。叶素君：北京第二外国语学院经济学院国际商务专业硕士研究生，主要研究方向为会展经济。何敬儒：北京第二外国语学院经济学院国际商务专业硕士研究生，主要研究方向为会展经济、国际贸易。

济社会发展的主题，是遵循经济发展规律的必然要求，是推动经济持续健康发展的内在要求，也是当前和今后一个时期确定发展思路、制定经济政策、实施宏观调控的根本要求（程承坪，2018）。在经济高质量发展新阶段，关于"会展业高质量发展"的评价应如何体现新时代特征、新发展理念和新发展要求？如何科学地评价北京会展业高质量发展的水平？明晰这些问题，才能够为政策制定提供更为精准的依据。针对上述问题，本文基于新发展理念，构建了会展业高质量发展的分析框架，提炼了会展业高质量发展的基本内涵，阐释了会展业高质量发展的重要作用和发展层面，并综合评价了北京会展业高质量发展水平，以期为进一步推动北京会展业高质量发展提供理论依据和实践参考。

二、文献综述

（一）关于经济高质量发展的研究

"经济高质量发展"概念自提出以来，便受到学术界的广泛关注，学者们分别从内涵特征（杨伟民，2018；赵剑波等，2019）、影响因素（刘思明等，2019；黄庆华等，2020）、评判体系（任保平和李禹墨，2018）、变革机制（史丹等2018）、水平测度（魏敏和李书昊，2018；黎新伍和徐书彬，2020）、实现路径（余泳泽和胡山，2018）等方面展开了研究。从微观、中观和宏观三个层面来理解经济高质量：微观层面是指产品和服务质量，中观层面是指产业发展质量和区域发展质量，宏观层面则是指国民经济的整体质量和效益（王一鸣，2018）。高质量发展推动中国经济发展进入"质量时代"，是实现从"有没有"转变为"好不好"的过程（赵剑波等，2019）。部分学者强调经济高质量发展要按照新发展理念，从创新发展、协调发展、绿色发展、开放发展、共享发展五个方面着力（杨伟民，2018；何立峰，2018），构建能够满足人民日益增长的真实需要的经济发展方式、结构和动力（金碚，2018）。

部分研究聚焦中观视角，侧重研究具体产业的高质量发展。比如，黎新伍和徐书彬（2020）、刘涛和杜思梦（2021）基于新发展理念提出了农业高质量发展评价指标体系。部分研究重点探讨经济高质量发展的影响因素。比如，刘思明等（2019）考察了国家创新驱动力的经济高质量发展效应和机制，通过分析得出创新是经济高质量发展的重要驱动；黄庆华等（2020）以长江经济带 107 个地级市为样本，验证了产业集聚有助于提高经济发展质量；潘雅茹和罗良文（2020）基于 GMM 动态面板模型和中介效应模型进行了实证研究，结果显示基础设施投资能够显著推动经济高质量发展。这些研究成果为全面理解和把握会展业高质量发展的内涵奠定了理论基础。

（二）关于会展业高质量发展的研究

随着经济高质量发展研究热度的上升，关于会展业高质量发展的研究也逐渐出现。我国经济社会从高速度增长向高质量发展转型过程中，会展业在进一步扩大开放中实现高质量发展是一个重要课题（朱彤和陈泽炎，2018）。会展业高质量发展是中国经济高质量发展的重要内容，是构筑现代化经济体系的重要支撑，也是满足人民日益增长的美好生活需要的重要平台（朱光耀，2019）。中国会展业稳中求进迈入高质量发展阶段（储祥银，2021），2018 年可视为我国会展业高质量发展的初始之年（陈泽炎，2018；张万春，2022）。高质量发展成为会展业在"十四五"期间的主基调和主旋律（张凡，2020；陈泽炎，2021；倪玮，2021），我国会展业应当坚持适度增长与提质增效结合，在保持会展经济规模适度增长的同时，更加注重转型升级，夯实发展基础，实现稳定、健康、可持续发展（储祥银，2021）。

关于会展业高质量发展的内涵和特征，倪玮（2021）认为中国会展业实现高质量发展的核心是从现代的视角出发，以科学的方法提升我国会展业的整体水平；陈泽炎提出可从新时代下中国会展业的"新使命、新机遇、新理念、新认知、新模式"五个方面进行诠释（陈泽炎，2018），强调随着我国进入高质量发展阶段，会展业必须不断提升水平，通过更加深入的供给侧结构性改革，输出更高质量的服务供给（陈泽炎，2021）；储祥银（2021）认为会展业高质量发展就是全面贯彻"创新、协调、绿色、开发、共享"的新发展理念，创新成为新生动力。

关于会展业高质量发展的内容和要素，已有研究从不同角度展开了论述，现介绍如下：

第一，部分研究聚焦"绿色会展"。王豁等（2019）基于对"绿会指数"的分析，提出会展行业是否绿色、可持续直接关系着我国的高质量发展，并指出"绿会指数"标准应随着时代变化和高质量发展提出的新要求不断充实完善。刘大可（2021）强调绿色会展是会展业高质量发展的要求，要充分实现"无害"、"节约"、"高效"。姜淮（2021）认为绿色会展是必经之路，要践行绿色会展理念，更全面考虑绿色会展指标体系制定。

第二，部分研究重点探讨影响会展业高质量发展的主要因素。杨明（2021）认为提高展会质量要从规模转向内容，强调"天时地利人和"是重要因素（包括经济环境和行业发展形势、所选择地理位置是否是集聚地、是否有好的人才团队）。岳林琳等（2021）强调人才和人才管理的重要性，提出推动会展经济人才管理高质量发展是会展业高质量发展的应有之义，应将高质量发展精神内涵嵌入会展经济人才管理过程。李柯瑶（2021）侧重分析数字化改革对会展业高质量发展的重要作用，认为发展会展业必须以科技创新和数字变革催生新的发展动能，更好地构建开放型、现代化的平台，进而拉动我国经济增长。张万春（2022）从立法的角度进行研究，指出会展经济不可逆转的进入高质量发展时代，地方会展促进立法是会展自身高质量发展的进一步需求。

第三，部分研究重点探讨会展业高质量发展的实现路径。陈国庆（2020）等从区域协同发展、人才培养和品牌建设三个方面提出了会展业高质量发展的实现路径。张洪睿和杨敏（2021）认为双循环背景下的会展业要想实现高质量发展，必须契合构建双循环新发展格局的要求，打通国内和国际市场的供需通道，以高效率、创新性的产业链条结合四大生产要素的循环流通，打造高品质、现代化的新型会展业。裴超（2022）指出在百年变局与世纪疫情交织叠加的形势下，会展业高质量发展要从内在动力、政策发展、结构转型与把握时机等方面着手。俞华等（2022）重点分析了我国会展业存在管理体制不顺、行业组织建设不尽完善、场馆建设无序、标准化水平不高、国际化水平不高等问题，提出应充分发挥行业组织的作用，助推会展行业高质量发展。

此外，还有一些研究侧重分析会展业高质量发展的评价指标。张凡

（2020）认为会展业高质量发展的方针要具体反映在规划中的目标与措施上，要突出发展质量，可细分为展览业、会议业、活动业，分别设置具体指标。

（三）已有研究述评

综上所述，关于经济高质量发展的研究成果为会展业高质量发展研究奠定了理论基础。现有关于会展业高质量发展的研究均立足于会展业发展所面临的新时代背景，并与新发展理念、新发展格局、深化改革开放等热点相结合进行研究，取得了一定进展。不同研究者基于不同角度对会展高质量发展的内涵、特点和评价进行了阐述，但尚未达成共识。在新时代背景下，准确把握会展业高质量发展的核心内涵和本质特征，是准确评价会展业高质量发展水平、有效探索会展业高质量发展策略的基础，而这正是本文要着重探讨的问题。

三、会展业高质量发展的分析框架

会展业是通过举办各种形式的专题会议、展览活动，聚集人流、物流、资金流、信息流、技术流，从而产生直接或间接的经济效益和社会效益的新型现代服务业，属于第三产业。2002 年修订的《国民经济行业分类》（GB/T 4754-2002）首次列入了"会议及展览服务"，包括为商品流通、促销、展示、经贸洽谈、民间交流、企业沟通、国际往来而举办的展览和会议等活动，这标志着会展业正式成为中国商贸服务业的一个行业。会展业以必要的会展企业和会展场馆为核心，以完善的基础设施为支撑，以优质的配套服务为保障，吸引大批与会人员、参展商、贸易商及一般公众前来开展经贸洽谈，进行文化交流或旅游观光（唐少清和白素英，2007），是现代服务业的重点发展方向。本文认为可从基本内涵、重要作用和发展层面三个方面来理解会展业高质量发展。

（一）会展业高质量发展的基本内涵

在我国进入新发展阶段的关键时期，以习近平同志为核心的党中央提出创新、协调、绿色、开放、共享的新发展理念。党的十九届六中全会审议通过的《中共中央关于党的百年奋斗重大成就和历史经验的决议》中指出"贯彻新发展理念是关系我国发展全局的一场深刻变革","必须实现创新成为第一动力、协调成为内生特点、绿色成为普遍形态、开放成为必由之路、共享成为根本目的的高质量发展"。习近平总书记强调"贯彻新发展理念是新时代我国发展壮大的必由之路","必须把新发展理念贯穿发展全过程和各领域"。当前,会展业进入由规模扩张转向质量提升的新发展阶段,在新冠肺炎疫情的冲击下,发展方式正面临着深刻的变革,更需要以新发展理念为指引加速战略转型。

何为会展业高质量发展?推动会展业高质量发展的基本前提是准确把握其核心内涵和本质特征。笔者认为,会展业高质量发展是以新发展理念为指引,由"追求数量和规模增长"转向"注重质量和效益",体现在企业和产业两大层面,依托于内部基础条件的支撑,受制于外部环境的约束,其目标在于提升会展业的发展质量和发展效益,进而助力经济高质量发展,更好满足人民日益增长的美好生活需要。新发展理念下会展业高质量发展的特征主要在于创新发展、协调发展、绿色发展、开放发展、共享发展。

(二) 会展业高质量发展的重要作用

会展业既可产生直接经济效益,也能带来间接经济效益。会展业高质量发展的直接经济效益主要体现在两方面:一是创造消费需求。会展业对本地经济的影响主要是由消费驱动,消费主体包括居民、企业、政府等关键会展消费者,以及赞助商、辅助人员等相关团体或人员 (杨勇,2009)。二是创造就业机会。会展业属于劳动密集型的综合性服务业,可创造大量短期或永久性的就业机会。会展业高质量发展的间接经济效益主要体现在以下三方面 (李萍和高凌江,2021):

1. 微观层面:提供信息交流平台,促进经济贸易合作

会展是信息生产和流通的重要载体、市场交易的纽带,通过人流、物流、资金流、信息流、技术流的综合汇聚,为参与者提供有效的交流与交易平台,从而解决信息不对称问题,有利于降低交易成本,有助于建立和发展经济贸易关系。特别是在宣传和推广新观念、新产品、新工艺等方面会展起着不可替代的作用,可带来强大的技术示范效应和学习效应 (肖玲凤,2008)。

2. 中观层面：带动相关行业发展，推动形成产业集聚

会展活动所涉及的产业链长、覆盖面广，且往往与其他产业彼此依靠、相辅相成。会展业与旅游、交通运输、餐饮、酒店、翻译、广告、金融等行业有着紧密的平行联系，通过与相关行业的互动共赢可为会展活动举办地产生强大的经济拉动效应。从长远来看，举办高质量、大规模会展活动可带动资本、信息、技术、人才等重要生产要素流入，有助于形成产业聚集，培育新兴产业群，进而推动产业结构优化升级，促进资源优化配置。

3. 宏观层面：提高城市的知名度，提升国际化水平

会展是展示城市物质文明和精神文明建设成果的契机，可展示城市风采，宣传城市良好形象。会展业的联动效应有助于产业协同发展和资源有效整合，是城市经济的"催化剂"。大型会展的成功举办不仅能促进当地经济发展，提高其知名度和美誉度，还能辐射周边，增强区域经济合作，带动周边区域经济增长（甄明霞和欧阳斌，2001）。会展业的发展水平可反映当地的综合经济实力和对外开放程度，发达的会展业是一个城市成为国际化大都市的重要标志。纵观现代会展发展历史，会展业繁荣的城市通常是一国对外经济合作和文化交流的中心，具有较强的国际影响力。

（三）会展业高质量发展的发展层面

会展业高质量发展需要良好的内部基础条件的支撑和外部环境的支持，涵盖企业层面、产业层面和宏观环境层面，三者之间是从属和包容关系（史丹等，2018）。

从企业层面来看，会展业高质量发展包括会展企业数量增加、竞争力提升、品牌影响力增强、管理理念和方法先进等方面，能够更有效地满足市场多样化、个性化的需求。企业是最基本的质量单位，会展企业经营管理质量的提升有助于推动会展业产业结构优化、产业体系完善（赵剑波等，2019）。

从产业层面来看，会展业高质量发展包括会展业的规模扩大、结构优化、转型升级和效益提升等方面，突出体现在会展业整体竞争力提高、大型会展企业数量不断增加，知名会展品牌数量日益增多。会展产业高质量

发展的内容和范围大于会展企业高质量发展，会展企业高质量发展是会展产业高质量发展的重要组成部分。

从宏观环境层面来看，会展业高质量发展需要良好的经济发展环境、优良的社会文化环境、健全的法律法规体系，这是会展业高质量发展的外部支持条件。同时，会展业高质量发展也有助于推动经济环境、社会环境和法律环境的改善，进而更好地满足人民日益增长的美好生活需要。

四、北京会展业高质量发展的综合评价

（一）北京会展业的进展与成效

1. 新中国成立初期起步阶段：1950—1977 年

1950 年，新中国第一个专业型展览——农业机械展在北京中南海举办，这是中国近代史上的第一个专业展览。[①] 会展项目开始起步，配套设施启动建设。1954 年，位于北京西直门的苏联展览馆竣工并投入使用，即如今的北京展览馆。1959 年，全国农业展览馆建成。这一阶段北京修建的展览场馆在以后的北京会展业发展中发挥了重要作用。

2. 改革开放后市场化发展阶段：1978—2000 年

1978 年 10 月，中国首次举办了国际性的专业博览会——北京外国农业机械展览会，这也是我国主办的第一个商业性展会。此后，北京会展业的市场化程度显著提升，一系列专业型展览先后在北京举办。北京逐渐发展为具有国际知名度和影响力的展会城市。1995 年，中国展览业的第一家中外合资公司——京慕国际展览有限公司在北京正式成立，这是中国会展业走向国际化的开端。

随着改革开放进程的推进，北京市接待展览数量急剧上升，但当时的展览场馆已难以满足各项展览活动的需求。为进一步满足不断扩大的场馆需求，以中国国际展览中心（朝阳馆）为代表的一批展览设施场馆落成并投入使用。为筹办 1990 年亚运会，北京建设了奥林匹克体育中心以及亚运

---

① 北辰会展研究院：《2019 北京展览业白皮书》。

村，同时兴建了大量交通基础设施，使北京市基础设施水平得到显著提升。与此同时，会展业的监管规范制度逐步建立健全，《关于出国举办经济贸易展览会若干问题的规定》和《关于接待外国来华经济贸易与技术展览会若干问题的规定》（1982 年发布）、《举办来华经济技术展览会等审批管理办法》（1988 年发布）等政策相继出台。

在这一时期，由于展览业与第一、二产业关联紧密，对经济、技术的驱动作用明显，因而格外受重视①。

3. 快速发展阶段：2001—2019 年

会展市场急剧升温，品牌展会引领作用凸显。2001 年北京申奥成功后，奥运会筹备工作逐步展开。奥运会的举办对北京会展业的快速发展产生了极大的促进作用。2007 年北京会展业从业人员数量急剧增长，并在此后始终保持这一数量级。为增强我国服务业和服务贸易的国际竞争力，2012 年，商务部、北京市人民政府共同主办了中国（北京）国际服务贸易交易会（简称"京交会"）。随后京交会不断提质升级，2019 年更名为中国国际服务贸易交易会（简称"服贸会"）。目前"服贸会"已发展成为世界范围内服务贸易领域最大的综合性展会，与进博会、广交会并列成为中国对外开放的三大代表性展会。

北京会展业国际化水平显著提高。一方面，北京市的展览机构越来越得到国际展览协会的认可。截至 2022 年 10 月，加入全球展览业协会（UFI）的中国会员中，北京的会员数量是 29 个，名列全国第二（参见表1）。另一方面，近年来北京多次举办国际性重大会展活动。随着奥运会、APEC 会议、世界葡萄大会、世界种子大会、北京国际马拉松赛、中国国际网球公开赛的顺利举办以及 2015 年冬奥会的成功申办，北京会展业的世界知名度和国际影响力在稳步发展扩大。

2019 年北京市接待会议 23.63 万个，其中国际会议 3432 个（见图 1）；接待会议人数 2093.5673 万人次，其中国际会议人数 56.0551 万人次。②

---

① 储祥银：《新中国七十年展览业的发展壮大（上）》，经济日报—中国经济网，https://baijiahao.baidu.com/s?id=1655665522849530175&wfr=spider&for=pc

② 数据来源：2019 年《北京统计年鉴》。

表1 2022年UFI中国会员的城市分布（前十名）

序号	城市	UFI会员数量（个）	在前十名中占比
1	上海	31	21.23%
2	北京	29	19.86%
3	广州	19	13.01%
4	深圳	17	11.64%
5	成都	12	8.22%
6	济南	11	7.53%
7	南京	7	4.79%
8	杭州	7	4.79%
9	宁波	7	4.79%
10	武汉	6	4.11%

数据来源：根据全球展览业协会（UFI）官网数据整理（截至2022年10月）。

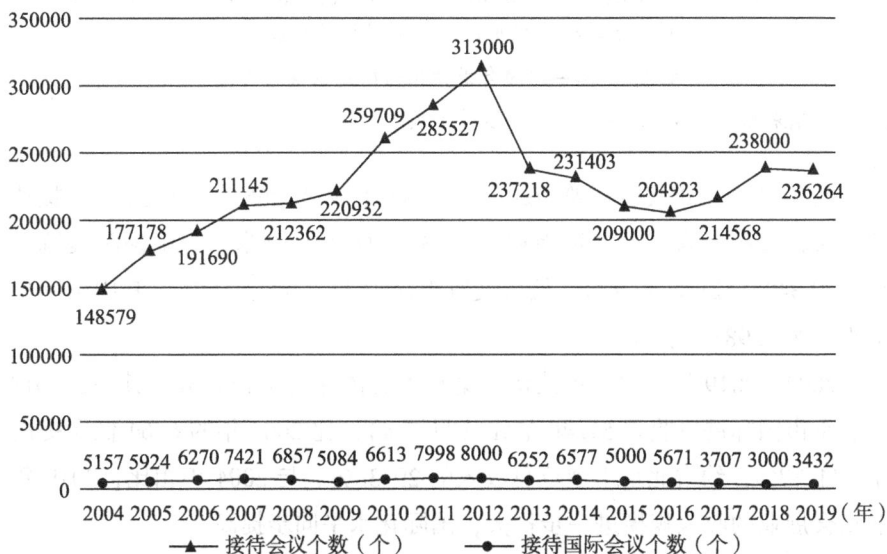

图1 2004—2019年北京市接待会议个数及国际会议个数

数据来源：2004—2019年《北京统计年鉴》。

2019 年北京市国际会议收入 14.20 亿元（见图 2），比 2004 年上升 510.56%，占会议总收入的 8.57%。北京市接待会议收入在 2004 年—2012 年始终保持正向增长，2013、2014 年短暂下跌后，2015 年再次开始增长并保持增长态势至 2019 年。总体而言，北京市接待会议收入呈上升趋势。

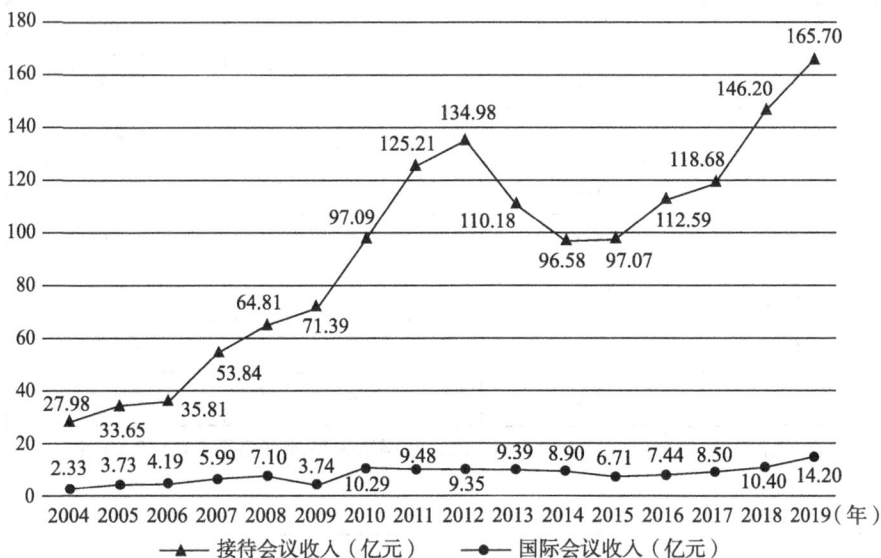

图 2　2004—2019 年北京市接待会议收入情况

数据来源：2004—2019 年《北京统计年鉴》。

2019 年北京市接待展览 865 个，接待国际展览 265 个（见图 3）；接待展览累计面积（含室外展览面积）1083.5921 万平方米，其中国际展览累计面积 349.1421 万平方米；接待展览观众 1633.1188 万人次，其中国际展览观众 827.981 万人次。[①]

2004—2019 年，北京市接待展览收入总体保持增长态势。其中，2019 年北京市国际展览收入 51.40 亿元（见图 4），比 2004 年的 6.64 亿元提高了 674.37%，约占北京市展览总收入的 29.38%。与 2004 年相比，2019 年北京会展业的收入规模进一步扩大，国际化水平同步提高。

---

① 2019 年《北京统计年鉴》。

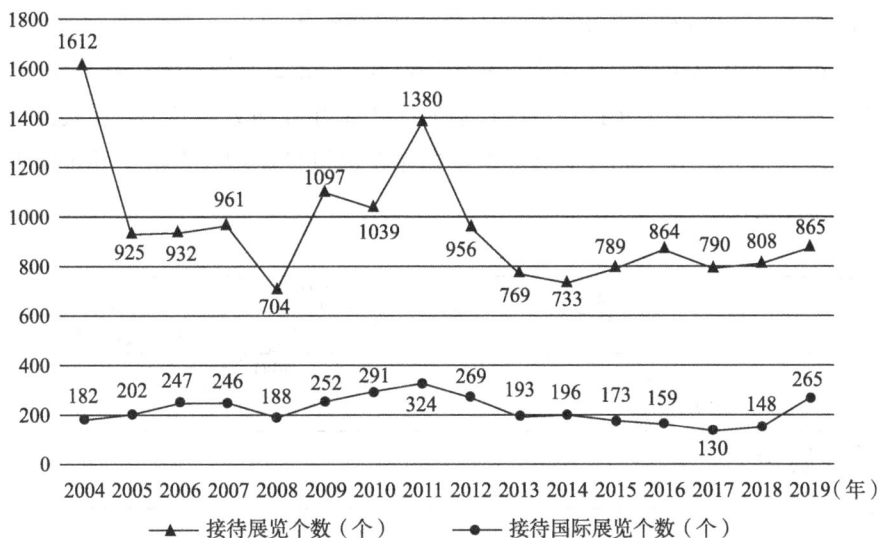

图3 2004—2019 年北京市接待展览个数及国际展览个数

数据来源：2004—2019 年《北京统计年鉴》。

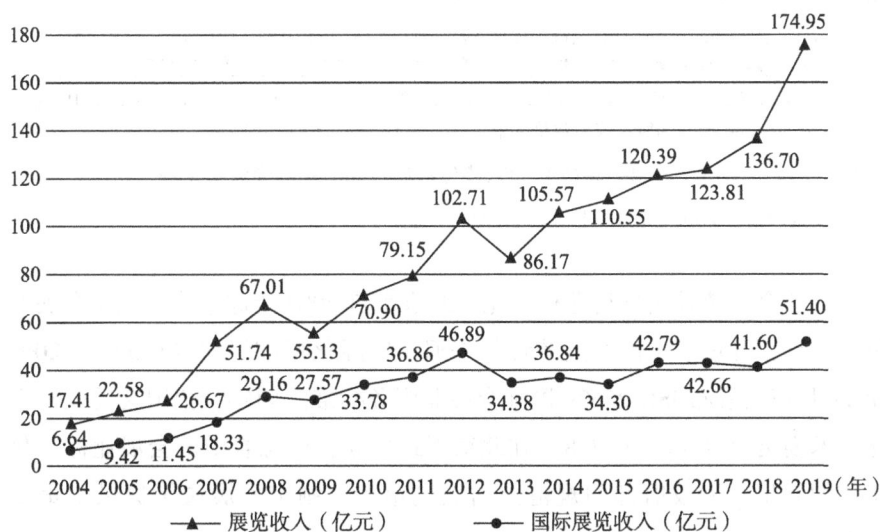

图4 2004—2019 年北京市接待展览收入情况

数据来源：2004—2019 年《北京统计年鉴》。

北京会展场馆设施建设呈现大型化和规模化增长趋势。会议设施方面，2019 年北京市共有会议室 5265 个，比 2004 年增长了 53.36%。其中，座位数超过 500 座的会议室有 231 个，比 2004 年增长了 188.75%（见图 5）。2019 年北京市接待场所会议室使用面积达 82.2 万平方米，比 2008 年增加 7.2 万平方米；2019 年接待场所会议室可容纳人数为 52 万人，比 2008 年增加 6 万人。北京会展场馆设施建设保持稳定增长态势，并走向大型化和规模化。

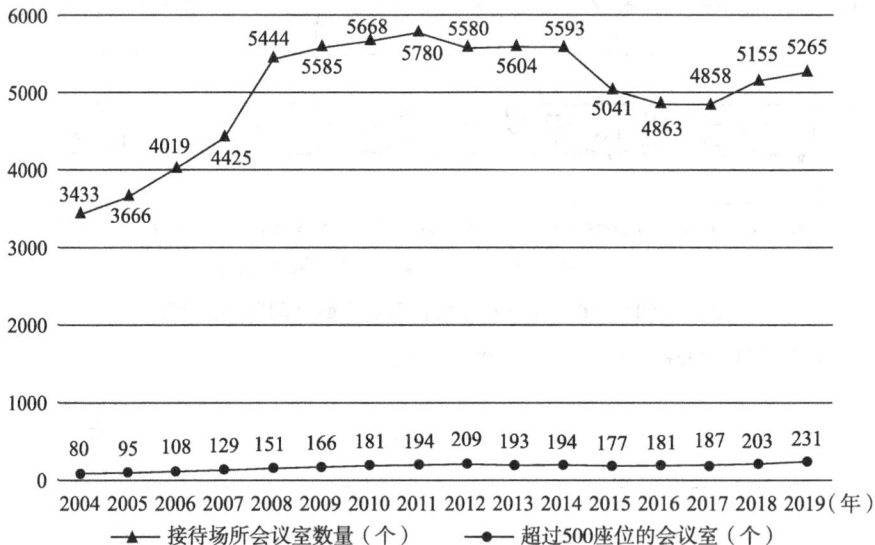

图 5　2004—2019 年北京座位数超过 500 座的会议室个数

数据来源：2004—2019 年《北京统计年鉴》。

北京会展统计引领行业标准化。北京市自 2002 年起率先对北京会展业进行统计，开创了中国会展统计的先河。国际化标准组织（ISO）于 2008 年 11 月正式发布 ISO 25639 国际会展业服务标准。同年，全国会展业标准化技术委员会（SAC/TC348）在北京正式成立，标志着中国会展业标准化工作的起步，为政府部门规范国内展览市场、制定发展决策提供了重要依据[1]。

进一步加强会展人才培养及学术研究。根据《2021 年中国展览数据统计报告》，北京市已有 6 所大学开设会展本科专业（如北京第二外国语学

---

[1]　北辰会展研究院：《2019 北京展览业白皮书》，2020 年。

院、北京工业大学、北京联合大学等），8 所大学开展专科教育，高素质会展人才的培养得到重视。研究机构方面，北京联合大学会展研究所、全国会展业标准化技术委员会、北辰会展集团会展研究院、中国传媒大学新媒体研究院会展大数据研究中心等先后揭牌成立。行业协会方面，中国展览馆协会、北京市国际会展行业协会、中国会展经济研究会相继设立。其中，中国会展经济研究会、中国展览馆协会属于全国性行业协会。研究机构和民间团体的建立与发展，为会展相关领域的专业研究、学术交流、行业自律以及资源整合提供了良好的平台。近年来北京会展业从人才培养、专业研究到行业自律的发展体系已逐步整合完善，"软实力"得到长足发展。

4. 疫情冲击下发展转折期：2020 年至今

新冠肺炎疫情暴发以来，各行各业都受到了不同程度的冲击，以人流聚集为显著特征的会展业受到的影响尤其巨大，大量展会项目因疫情而延期、取消或待定。2020 年北京市接待会议个数为 11.3 万个，仅为 2019 年的 47.7%；其中国际会议 0.1 万个，仅为 2019 年的 23.9%。2020 年北京市接待展览个数 180 个，是 2019 年的 27.2%；其中国际展览 31 个，占 2019 年的 19.1%。伴随着展会举办的减少，2020 年北京市会展收入腰斩至 143.9 亿元，仅为 2019 年会展收入的 50.6%。① 新冠肺炎疫情对北京会展业造成了较大的冲击。

2020 年北京市接待展会数量较 2019 年减少了 72.53%，不及 2011 年北京展会数量的五分之一；接待展会面积较 2019 年减少了 69.82%，仅为 2011 年北京展会面积的 21.27%（见图6）。2021 年，由于行之有效的疫情防控措施，会展业有所恢复。虽然 2021 年北京接待展会数量仅为疫情前的 38.27%，但接待展会面积已达到 2019 年的 90.44%。大型展会为北京会展业注入了强劲动力，带动了北京会展业的复苏。

疫情带来的巨大冲击迫使会展企业寻求创新突破，数字会展、代参展、双线会展等创新型参展模式异军突起，发展势头迅猛。2020 年中国境

---

① 数据来源：2021 年《北京统计年鉴》。

内线上展共举办了 628 场，2021 年增至 714 场（较上年增幅达 13.69%）①。北京会展业代表性的大型展会——服贸会也采取了线上线下相结合的双线办展模式，对于疫情常态化防控下的北京会展业具有重大意义。

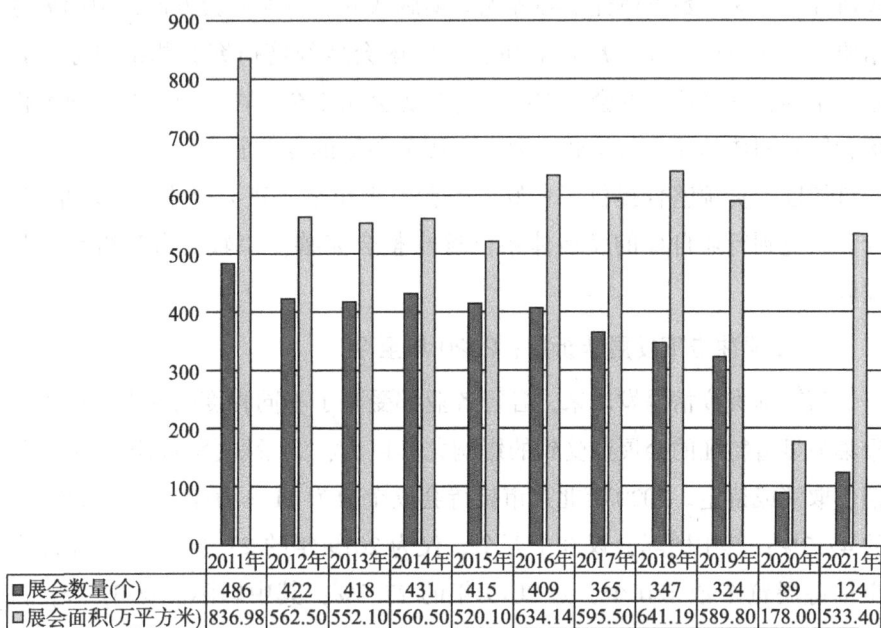

	2011年	2012年	2013年	2014年	2015年	2016年	2017年	2018年	2019年	2020年	2021年
■展会数量(个)	486	422	418	431	415	409	365	347	324	89	124
□展会面积(万平方米)	836.98	562.50	552.10	560.50	520.10	634.14	595.50	641.19	589.80	178.00	533.40

图 6　2011—2021 年北京市展会数量及面积变化

数据来源：中国会展经济研究会：《2021 年度中国展览统计数据报告》。

（二）北京会展业的问题与瓶颈

1. 会展场馆设施规模受限

随着近年来会展业的蓬勃发展，北京市现有会展场馆规模及配套设施已经越来越难以满足项目需求。目前来看，北京市现有会展场馆的规模普遍偏小，多属中小型场馆，且由于北京市会展业起步较早，大部分场馆建成已久，设施较为陈旧落后，北京市相对而言缺乏配备齐全的现代化大型场馆。北京、上海和广州的主要会展场馆建成时间及室内展览

①　参见《2020 年度中国展览数据统计报告》和《2021 年度中国展览统计数据报告》。

面积见表2。

表2 北京、上海和广州的主要会展场馆概况

城市	场馆	建成时间（年）	室内展览面积（万平方米）
北京	中国国际展览中心（朝阳馆）	1985	6
	中国国际展览中心（顺义馆）	2008	20
	国家会议中心	2009	4
	全国农业展览馆	2005	2.3
	北京展览馆	1954	2.2
上海	上海国家会展中心	2014	50
	上海新国际博览中心	2011	20
	上海世博展览馆	2010	7.2
	上海光大会展中心	2000	3.14
	上海展览中心	1955	2.17
	上海国际展览中心	1992	1.2
广州	中国进出口商品交易会展馆	2008	33.8
	广州市保利世贸博览馆	2010	8.1
	广州国际采购中心	—	7.86
	中洲国际商务展示中心	2005	3.5
	白云国际会议中心	2007	1.5

数据来源：根据中展网、E展网及买购网相关数据整理。

2. 大型展会外流现象日益严峻

从展会数量来看，2011—2019年北京市接待展览数量呈现下降趋势，2015年后彻底被广州市超越；而上海市、广州市接待展览数量保持了稳步增长态势（见图7）。

从展会面积来看，2011—2019年北京市接待展览面积呈小幅波动趋势，而同期的上海市、广州市接待展览面积保持了稳步上升态势（见图8）。

北京、上海、广州三地的经济体量相近，均为经济发达且会展业发展水平较高的城市，在展会举办地选择中，一定程度上可以互为替代。

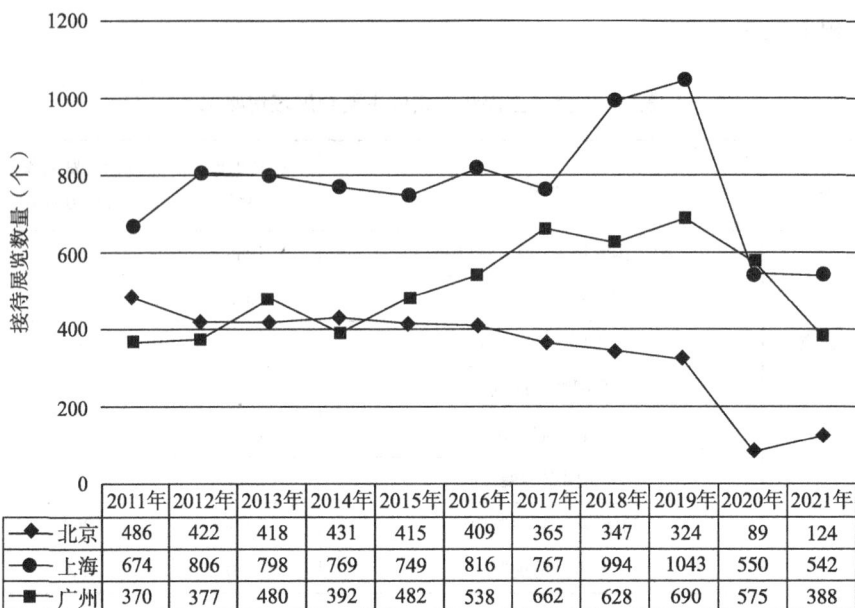

	2011年	2012年	2013年	2014年	2015年	2016年	2017年	2018年	2019年	2020年	2021年
◆ 北京	486	422	418	431	415	409	365	347	324	89	124
● 上海	674	806	798	769	749	816	767	994	1043	550	542
■ 广州	370	377	480	392	482	538	662	628	690	575	388

图7 2011—2021年京沪穗接待展览数量

数据来源：中国会展经济研究会：《2021年度中国展览数据统计报告》。

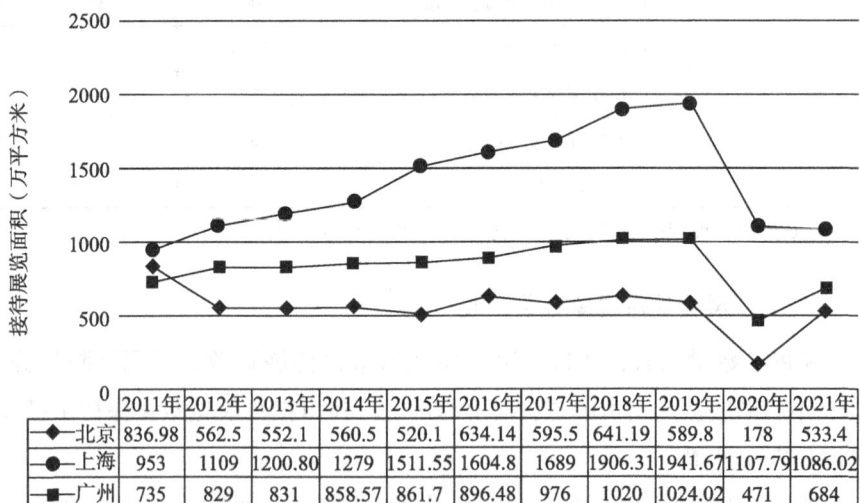

	2011年	2012年	2013年	2014年	2015年	2016年	2017年	2018年	2019年	2020年	2021年
◆ 北京	836.98	562.5	552.1	560.5	520.1	634.14	595.5	641.19	589.8	178	533.4
● 上海	953	1109	1200.80	1279	1511.55	1604.8	1689	1906.31	1941.67	1107.79	1086.02
■ 广州	735	829	831	858.57	861.7	896.48	976	1020	1024.02	471	684

图8 2011—2021年京沪穗接待展览面积

数据来源：中国会展经济研究会：《2021年度中国展览数据统计报告》。

116

上海、广州的展会数量和面积的增长，一方面来自新会展项目的落地，另一方面则是品牌展会的流入。北京正是这些品牌展会流出的主要来源地。

北京培育了一系列标志性品牌展会，但由于基础设施、发展环境等方面难以满足大型展会需求，大型品牌展会流出的现象趋多，如中国国际医疗器械博览会、中国国际纺织机械展览会等。这些曾在北京扎根、培育并逐步发展起来的代表性展会近年来纷纷迁往上海、广州等地，造成北京会展业多年发展成果项目流失①。

3. 展览项目国际化程度仍有待提升

截至 2022 年 10 月，全球展览业协会（UFI）在中国共有 207 个会员，其中北京有 29 个，位居全国第二，仅比第一名上海少 2 个。

在全国主要城市中，北京市虽然在 UFI 认证会员数量方面具有一定的优势，但在 UFI 认证展览项目方面，北京市仅有 11 个 UFI 认证项目，在国

表 3　中国经 UFI 认证的展览项目数量（前十名城市）

排名	城市	经认证展览项目（个）	在前十名中占比
1	上海	31	22.30%
2	深圳	24	17.27%
3	济南	17	12.23%
4	广州	16	11.51%
5	成都	15	10.79%
6	北京	11	7.91%
7	宁波	8	5.76%
8	青岛	7	5.04%
9	南京	6	4.32%
10	武汉	4	2.88%

数据来源：根据全球展览业协会（UFI）官网数据整理（截至 2022 年 10 月）。

① 参见《2019 年度中国展览数据统计报告》。

内城市中排名第六，与第一名上海（31 个）还存在较大差距。整体而言，北京市展览机构发展势头迅猛，国际化水平日益提高，但展览项目的国际化程度仍有较大提升空间。

五、会展业高质量发展的行动路径

北京会展业应以新发展理念为引领，进行顶层设计和整体谋划，贯彻落实创新、协调、绿色、共享、开放发展理念，以实现高质量发展。

1. 创新是会展业高质量发展的核心驱动

"会展业创新发展"是指要强化科技支撑，促进增长动能转换，形成会展业持续高质量发展的强大动力。会展业创新发展突出体现在四个方面：一是"创新驱动"，以科技创新全面塑造会展业发展新优势；二是"创新模式"，由单一的实体形式走向实体展会虚拟化、线上线下"虚实结合"，探索多领域、多层次、多方面的跨界融合；三是"创新产出"，增强服务模式创新，以输出更高质量的服务供给；四是"创新效益"，加强管理模式创新，以提升效率、提高收益。

2. 协调是会展业高质量发展的内在要求

"会展业协调发展"是指要统筹兼顾、综合平衡，妥善处理好会展业发展中的各种关系。会展业协调发展涵盖三个方面：一是"产业协调"，处理好会展产业上下游及其关联产业的关系，形成"会展+"联动发展；二是"区域协调"，优化区域布局，实现科学布局和专业化分工与协作；三是"城乡协调"，缩小城乡差距，让会展业的经济效益和社会效益实现城乡全覆盖。

3. 绿色是会展业高质量发展的持续之路

"会展业绿色发展"是指要建立环保、低碳的绿色可循环发展模式。会展业绿色发展主要包括两个方面：一是"资源消耗少"，在办展的各个环节注重节约资源，尽可能回收利用展位制作材料；二是"环境污染少"，降低会展产业链中各个环节的废物、废水、废气排放。

4. 开放是会展业高质量发展的必由之路

"会展业开放发展"是指要坚持扩大开放，与国际惯例接轨，实现"请进来"与"走出去"双向互动，不断推动会展业的规模、质量和效益走向世界前列。会展业开放发展突出体现在两方面：一是"加强国际交流合作"，引进国际知名品牌展会到境内合作办展；二是"积极开拓国际市场"，构建多元化、宽领域、高层次的境外参展办展新格局（姜增伟，2021）。

5. 共享是会展业高质量发展的价值导向

"会展业共享发展"是指要注重解决发展过程中的社会公平正义问题，使会展业的发展成果更多更公平惠及全体人民。会展业共享发展主要包括三个方面：一是"共享人才资源"，保证人才在会展各个阶段不断供；二是"共享数据资源"，提高数据的利用率和有效性；三是"共享先进理念和办展办会经验"，推动提升我国会展业发展的软实力。

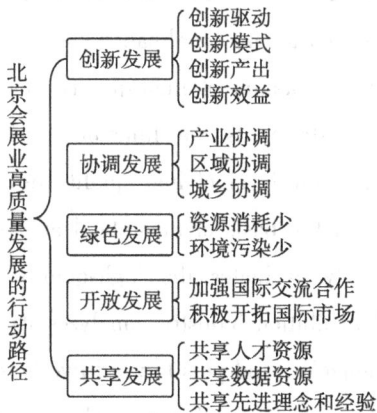

图9　北京会展业高质量发展的行动路径

综上所述，为加速推进北京会展业高质量发展，可从以下五大方面着手推进：第一，创新驱动发展，加速会展业的数字化转型；第二，注重协调发展，引导会展业的平衡性发展；第三，贯彻绿色理念，推动会展业的持续性发展；第四，坚持开放发展，提高会展业的国际化水平；第五，追求共享发展，提升会展业的包容性水平。

Research on the High-Quality Development of Beijing's Convention and Exhibition Industry under the New Development Concept

Li Ping, Ye Sujun, He Jingru

Abstract：High-quality development is the theme of economic and social development during the 14th Five-Year Plan period, and it should also be the main tune and theme of the development of the convention and exhibition industry. Based on the new development concept, this paper summarizes the high-quality development analytical framework of convention and exhibition industry in five dimensions including innovation, coordination, green, openness and sharing, and defines fundamental connotation of high-quality development of convention and exhibition industry, illustrates its vital function, and analyses the enterprise level, industry level and macro-level of high-quality development of convention and exhibition industry. On the basis of theoretical analysis and collected data, this article comprehensively evaluates the high-quality development status of Beijing's convention and exhibition industry, analyzes its progress and effectiveness, problems and bottlenecks, and puts forward five feasible paths for the high-quality development of Beijing's convention and exhibition industry. Firstly, innovation is the core driving force for the high-quality development of the convention and exhibition industry, and innovation-driven development must be adhered to. Secondly, coordination is an inherent requirement for the high-quality development of the exhibition industry, and attention must be paid to it. Thirdly, green is the key to the high-quality development of the exhibition industry, the concept of green should be implemented. Fourthly, openness is the only way for the high-quality development of the exhibition industry, and we must adhere to open development. Fifthly, sharing is the value orientation of the high-quality development of the exhibition industry, we must pursue shared development.

Keywords: Beijing; Convention and Exhibition Industry; High-Quality Development; New Development Concept

"两区"建设背景下北京文化会展产业
发展的新态势与新趋势

贾瑞哲　张永俊*

摘　要: 自2020年以来,新冠肺炎疫情蔓延和数字经济发展对我国文化会展产业的发展带来了新的机遇和挑战,北京作为全国文化中心受冲击更加明显。面对外部环境巨变,北京文化会展业呈现出新的特点,主要表现为明显的数字化、云端化趋势,产生了线上演出、线上会展等诸多新兴业态。当下,首都文化会展业拥有比较优越的生产要素资源,随着"两区"建设的正式开启、防疫形势的趋稳,首都文化会展业将在文化供给领域实现进一步提高。同时,首都文化消费的新模式正在逐渐形成,文化会展企业产业链价值链进一步优化,相关政策也在持续加强,助力文化会展业复苏。未来,在"两区"建设背景下,首都文化会展业将延续疫情时期的"双线"发展态势,继续加强数字化转型,着力开展精品文化会展品牌建设,以技术升级提高用户体验,同时以文化会展打造首都对外交往新名片。此外,探索绿色低碳模式、建立应急机制、提高避险能力将成为北京文化会展产业发展的必然趋势,进一步保障北京文化会展业安全可持续发展。

关键词: 文化会展产业　应急管理机制　"两区"建设　数字化

---

* 贾瑞哲:北京第二外国语学院经济学院讲师,首都国际服务贸易与文化贸易研究基地研究员、经济学博士,研究方向为贸易规则与政策、国际服务贸易等;张永俊:北京第二外国语学院经济学院国际商务2022级研究生,研究方向为国际文化贸易、创意经济等。本文为北京第二外国语学院2020年新教工科研启航项目的阶段性成果。

在建设国际会展之都的进程中，会展产业在北京产业经济发展中的地位愈加重要。而"四个中心"，特别是文化中心建设推动着首都文化会展新业态的蓬勃发展。近年来，尽管受到新冠肺炎疫情的严重影响，但首都政策支持、城市发展战略、产业数字化转型、基础设施更新同样为文化会展业带来了新的动力和机遇。尤其是"两区"建设背景下，北京紧抓服务业扩大开放综合示范区和自由贸易试验区建设，全面推进文化会展产业的高质量发展。依据《北京市文化产业发展白皮书（2022）》相关数据，2021年北京市规模以上文化产业收入为17563.8亿元，利润总额为1429.4亿元，同比增长17.5%和47.5%；2021年的从业平均人数也是达到了64万人，同比增长4.8%，既为文化产业与会展产业的深度融合奠定了坚实的产业基础，也将为首都文化会展业繁荣发展提供新的动能。

一、北京文化会展产业的发展现状

（一）文化节事会展活动深度彰显北京文化会展业特色

作为全国文化中心，北京在推动文化会展产业发展方面具有得天独厚的优势，其中丰富多彩的节事活动在彰显城市文化魅力的过程中已成为北京文化会展业的亮点和特色。2021年有多项影响力较大的文化节事活动在北京顺利举办，如北京国际音乐产业大会、草莓音乐节、麦田音乐节、科幻电影周等。同时，北京马拉松、中国网球公开赛等"2021年中国体育旅游十佳赛事"的顺利举办，2021北京（国际）运河文化节、2021长城文化节等文化博览会的成功，均提振了首都居民的文化消费活力。"2022北京冬奥会"重塑了冰雪文化、冰雪体育相关的生产与消费，以冬奥为主题的各项文化活动陆续举办，如"京腔京韵庆冬奥"系列京剧演出、"唱响奥运"原创歌曲音乐会等一系列优秀的冬奥主题文化演出。特别是2022年7月，北京文化论坛以"传承·创新·互鉴"为永久主题，以"推动文化创新 赋能美好生活"为年度主题，力争打造成为文化领域的全国性品牌论坛，这是北京文化会展产业发展中的一件大事。

值得关注的是，这些文化活动的内容也愈加凸显北京的文化特色和时代特色。2021年建党百年庆典活动积极传递红色能量，其相关题材的剧目及作品赋予演出内容以新的活力，北京市 13 家市属文艺院团和国家大剧院共创排舞台剧 111 部，其中新创原创 58 部，推出了由北京人艺首次创排的重大革命历史题材话剧《香山之夜》以及北京演艺集团创排舞剧《五星出东方》、音乐剧《在远方》等精品文化演出作品。文化演出的繁荣为文化产业、会展产业、旅游产业的深度融合创造了良好的条件，彰显了北京文化会展业特色。

（二）文化会展产业受到新冠肺炎疫情和数字化的双重影响

新冠肺炎疫情对北京文化会展产业影响明显。如图 1 和图 2 所示，相比 2019 年，2020 年北京接待会议数减少了约 12 万个，接待会议人数减少了 1300 多万人次，会议收入大幅减少，减量约为 90 亿元。同样的情况也发生在展览行业中，与 2019 年相比，2020 年首都接待展览数减少了 685 场，接待展览人数减少了约 1500 万人次，收入减少约 100 亿元。

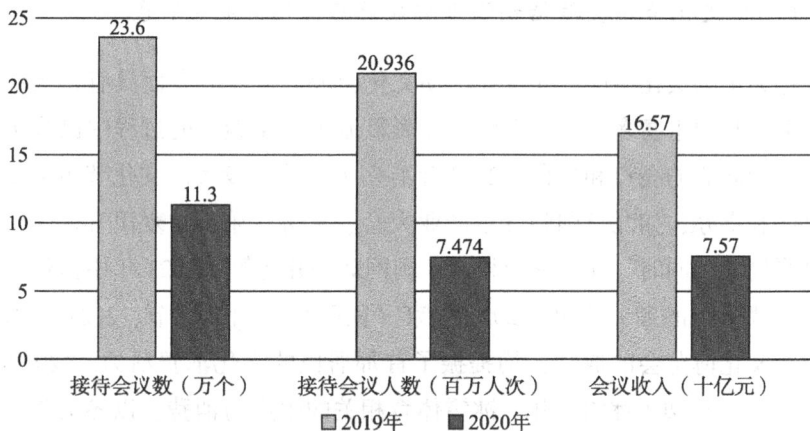

图 1　2019 年和 2020 年北京市接待会议情况

数据来源：北京统计年鉴，由作者整理得出。

随着疫情形势向好，北京接待的会议与展览在数量和质量上都得到了一定程度的恢复，但仍与疫情之前的形势相去甚远。北京市统计局数据显示，2022 年上半年，北京市会议展览及相关服务业的规模以上法人单位共 409 家，收入合计 64.3 亿元，同比下降了 33.9%，企业营业收入 60.9 亿

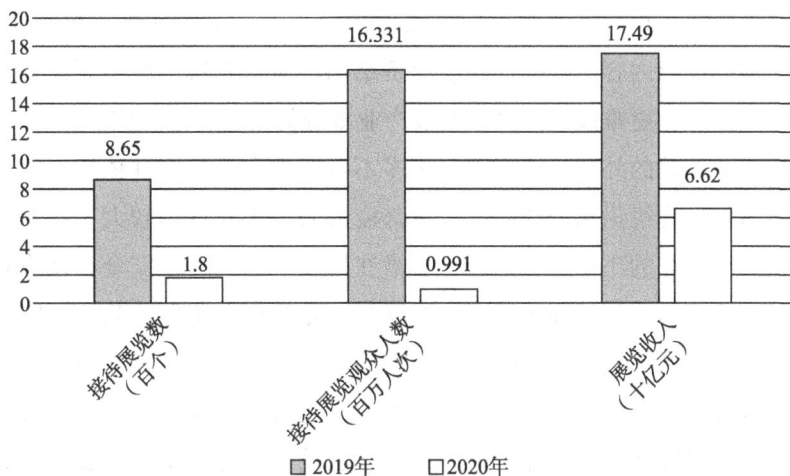

图 2 2019—2020 年北京市接待展览情况

数据来源：北京统计年鉴，由作者整理得出。

元，同比下降了 34.3%，而利润总额为负 7.7 亿元。尽管行业发展受阻，但通过文化会展所取得的成果较为突出。首先，诸如中国国际服务贸易交易会、"一带一路"国际高峰合作论坛、中非合作高峰论坛等基于首都定位的一系列重大国事活动的顺利举办，成为首都文化活动的亮点与成果。其次，故宫博物院的"'云游'故宫指南""国家宝藏·展演季"等文化博物馆的线上展演活动通过与数字媒体技术结合，保证了传统文化展馆在特殊时期的内容供给。不可忽视的是，"故宫'何以中国'特展""丹宸永固——紫禁城建成六百年展""千里江山——历代青绿山水画特展"等历史文化展览活动，以及北京国际图书博览会、北京国际电影节、北京国际设计周等文化展会都是在疫情和数字化双重影响下充分利用首都优越文化资源、打造国际化传播品牌的有效途径和形式。

（三）文化会展产业仍面临问题与挑战

从文化会展产业的内部状况看，首都文化会展业的产业链和价值链仍有待提高，在结构和效率上存在着一些问题。一方面，新技术的应用存在着不成熟、与内容衔接不扎实的状况，在疫情期间文化会展业虽进行了广泛的线上转换，巩固了市场，但并没有形成高效的利润转换。另一方面，文化会展的供给内容、传播形式、消费结构都有待升级，缺乏凝聚文化符号的国际品牌，更难以发挥文化会展产业本身的文化传播效应。

从产业相关的外部环境来看，诸多不确定性和不稳定性依然存在。第一，新冠肺炎疫情仍在全球蔓延，首都疫情防控工作压力较大，各类支持性和相关性产业的正常运转仍面临着潜在风险。第二，在安全和风险防范考虑下，北京线下活动和展览可能会受到一定程度的规制。第三，传统的演出、会议、展览主要是在线下开展，生产方式与消费方式亟须革新，也需要通过线上线下的新融合与创新探索新的增长点。此外，我国还面临着世界经济下行周期、全球经贸秩序重构、区域地缘冲突不断、贸易保护和单边调查层出不穷等外部形势的影响，为本就受新冠肺炎疫情冲击的文化会展产业增添了更多不确定性。

二、北京文化会展业竞争新态势分析

（一）供给方面

当下，北京文化会展行业的优势生产要素主要体现在文化资源、人才资源、数字技术、基础设施、营商环境等层面。作为全国文化中心和联合国教科文组织认定的创意城市，首都北京有着国内其他城市难以比拟的文化优势。从历史名胜到现当代地标建筑，从传统手工艺制造到数字技术赋能工艺与技艺传承保护，从线下静态展览到"云展览"和虚拟现实交互，从京味儿民俗活动到文化消费新模式，北京依托深厚的文化资源和高水平的城市治理水平不断推进着文化会展产业的创新发展。

从文化人才角度来看，北京市第三产业在三次产业构成中占比最大，从业人数最多，文化会展相关从业人口丰富，人力资源充沛。2022 年上半年，北京规模以上会展及相关企业的平均从业人口达 1.8 万人，2021 年北京非公有制企业中文艺表演团体从业人员也达到了 11988 人。

表 1 北京市万平方米以上主要会展设施

单位：平方米

序号	展馆名称	总面积	区位
1	中国国际展览中心（顺义馆）	176800	顺义区
2	首钢园展馆	94000	石景山区
3	全国农业展览馆	71000	朝阳区
4	中国国际展览中心（朝阳馆）	59000	朝阳区
5	国家会议中心	42000	朝阳区
6	北京亦创国际会展中心	35000	经开区
7	北京展览馆	32000	西城区
8	金海湖国际会展中心	20000	平谷区
9	北京雁栖湖国际会展中心	15000	怀柔区
合计		544800	

数据来源：北京市"十四五"时期会展业发展规划。

会展产业通常对基础设施的依赖度较高，而北京市拥有的展馆、剧院、演出场地等基础设施资源为文化会展产业发展提供了保障，这类资源还在不停地扩展。表 1 列举了北京市万平方米以上的主要会展设施，9 大展馆的总体面积达到了 544800 平方米，平均单体面积超过 6 万平方米，且散落分布在 7 个区。特别是万平方米以上的会展场馆已成为北京承办规模大、范围广、内容优越的文化会展活动的重要支撑。

在技术层面上，新冠肺炎疫情的爆发在很大程度上促进了数字技术、数字媒体和数字平台在文化会展产业的结合和应用，促进了文化会展行业宏微观的数字化、智能化转型热潮。当前，首都文化会展产业及相关企业正在依托"科技创新中心"建设所带来数字化与智能化为市场提供更多更高质量的内容产品，不断实现其自身产业链和价值链的双提质、双升级。

（二）消费方面

新冠肺炎疫情暴发初期，文化会展消费市场严重受损。而随着新的文化生产模式、供应方式的转变，加之北京各级政府的多重政策影响下，文化会展产业消费端也逐渐从被动适应新形势转向主动寻找新思路。事实上，丰厚的文化底蕴和丰富的文化资源对首都居民的影响是持续不断的。北京坐拥 200 余家博物馆、1 个国家文化公园、33 个历史文化街区，同时大大小小的剧场遍布北京的各个行政区，这些早已同首都居民的生活深度融合，亦通过无形的服务和有形的产品纳入文化消费中来。而基于此类文化要素而举办的各类活动、会议和展览也培育了成熟的文化消费市场。尽管受新冠肺炎疫情影响，北京的消费者对于文化会展的需求依然强劲。

面对这样的需求偏好和消费结构，文化会展市场主体开始了产业动能的转换与升级，开启了由线下到线上的尝试。实践证明，北京的文化会展产业采取的线上供给方式带来的是消费者行为和偏好的转变，由此出现了"线下+线上"混合或是完全线上的消费模式，5G 技术、VR、AR、元宇宙等开启了文化会展消费的云游览、云体验、云互动时代。无论是文艺演出同数字新媒体的联动，还是展览会议的线上转移，都成了疫情期间生存下来的新业态和新模式。通过大数据、云计算等技术手段，信息在相关各方之间的交互流通将更加迅捷，更紧密地连接消费者与生产者已经成为可能。

（三）产业链与价值链角度

文化企业价值链是一个从内容创作到产品产出再到文化消费的企业的全程活动。文化会展业中各个企业主体的价值链运行模式同样是以创意为驱动，进行内容的呈现，并在市场发行、营销推广等诸多手段的辅助下，实现文化消费，使内容产生变现。当前，北京文化会展产业具有集聚化、规模化的态势。数字化、智能化、个性化所带来的产业链的创造性升级，更进一步推动了文化市场主体在价值链上的攀升。

一方面，文化会展产业的数字化转型具有一定的外部效应，能够带动其他现代服务业的协同发展，构成新的"数字+文化会展+X"的发展模式，这样的资源整合、产业链拓展、价值链攀升反过来又会提升首都文化会展产业的竞争能力和应对风险的能力。怀柔区"会展+科技"联动发展模式即为最好的印证。

另一方面，科学技术的提高及相关产业的发展，也不断推动着文化会展业的提质升级。数字化、网络化、智能化的发展趋势，正促进文化会展业迸发出新的活力。数字化战略、大数据服务以及纷繁多样的传播渠道实现了文化会展业的高效转型升级，充分发挥了技术对文化的支撑作用。当下以 5G、AI、4K/8K 超高清、区块链、大数据等技术为依托，以"云展览""云演出"等新业态为辅助的新型文化会展产业集群，正充分发挥首都优越的文化资源优势，不断增强首都文化会展业的发展潜力。

（四）首都的政策红利

2020 年国务院发布了《关于深化北京市新一轮服务业扩大开放综合试点建设国家服务业扩大开放综合示范区的工作方案》以及《中国（北京）自由贸易试验区总体方案》，这标志着北京市"两区"建设正式拉开了帷幕。"两区"建设既是首都贯彻落实党的十九大所提出的"健全现代文化产业体系和市场体系"的具体体现，又是首都文化会展业保持发展动能的政策需要。作为"五子"联动的主角之一，"两区"建设将服务领域的更高层次开放作为目标，而文化会展产业作为服务业的一部分，也将和"两区"建设形成政策叠加效应。此外，区域全面经济伙伴关系协定（RCEP）、共建"一带一路"倡议等相关国际合作框架也为北京市文化会展产业的发展提供了新的外部机遇与挑战，特别是对于北京市文化会展企业"走出去"带来了新的外部条件。未来，北京文化会展业势必成为实现中共十九届五中全会提出的 2035 年建成社会主义文化强国目标的重要一环。

同时，《北京市"十四五"时期商业服务业发展规划》明确提到，北京将以推动"两区"建设为契机，依托首都国际机场、大兴国际机场的航空枢纽优势，借助相关配套设施项目，建设一系列文化会展产业集聚区，并进一步提升奥体、北展、国展、农展馆、亦庄等会展片区原有设施功能，构建起文化会展业发展的新格局。

不可忽视的是，在建设文化会展产业相关基础设施配套区的过程中，绿色会展、低碳会展也作为要求被写入相关产业发展规划中。国务院发布的《关于加快建立健全绿色低碳循环发展经济体系的指导意见》等相关政策文件，也提出了对于文化会展业绿色发展、绿色转型的要求。文化会展产业的绿色标准，将是高效利用资源、节约生产成本、打造可持续会展的重要保障。

三、北京文化产业发展的新趋势分析

（一）文化会展业延续"双线"发展

受新冠肺炎疫情的影响，北京市展览、会议活动数量大幅减少。为了维持从业人员收入、延续文化会展业生命力，同时也作为一种自救方式，文化会展业向线上转移成为新的趋势。传统文化会展业开始普遍与数字媒体、新媒体平台合作，"云演出""云看展"等消费模式开始出现，"云端"消费模式为受制于黑天鹅事件的文化会展业提供了新的转型思路。

随着疫情形势好转，文化会展产业正在逐步复苏，传统业态重新焕发生机。然而，因为文化会展业向"云端"转换拥有较低成本、较广宣传水平等优势，线上文化会展业并没有作为一种过渡业态慢慢偃旗息鼓，反而逐步形成"线上+线下"并行发展的"双线"运行模式。随着消费者对于线上文化会展活动接受程度的提高，像学术活动、商业论坛等不太追求线下体验、实物交付的相关活动更加倾向于线上模式，以实现成本的节约以及对于不确定风险的规避，同时线上传播的及时性和广泛性也有助于会议、论坛等活动影响力的提高。而对于演出活动、文化展览、商品展览等难以脱离消费者线下体验必要性的文化会展活动，则仍然将发展重心聚焦于线下会展，以保证自身盈利。在此情形下，线上业态则倾向于提供辅助服务，通过与人工智能、5G、VR 等技术手段合作，借助相关数字平台，完成营销、宣发等环节，并实现利益转化。

（二）创建精品文化会展品牌

作为全国文化中心城市，北京拥有可观的精品文化资源。在"两区"建设背景下，推进北京文化历史名片和文化内容孵化体系建设，无疑将成为未来北京文化产业的发展方向。聚焦新业态、新模式、新服务，积极搭建品牌孵化体系；坚持"以孵化为导向、以保证质量为前提、以解决运行机制为核心"的工作思路；按照市场主导、政府支持的总体原则，由孵化机构以市场化方式开展孵化培育，政府围绕孵化基地、孵化机构、入孵企业提出支持措施，进一步优化孵化环境，营造宣传氛围。

表2 "十四五"时期首都文化交流活动

"十四五"时期 首都文化交流活动	联合国教科文组织创意城市北京峰会
	中国（北京）国际视听大会
	中国（北京）演艺博览会
	北京国际电影节
	北京国际音乐节
	北京国际旅游节
	北京国际时装周
	北京国际设计周
	世界剧院北京论坛

资料来源：北京市"十四五"时期会展业发展规划。

目前，借助北京区位优势和政策优势，以世界机器人大会、北京国际汽车展览会、北京国际图书博览会等为代表的一大批具有国际影响力的会展活动品牌业已形成，成为构建北京文化中心功能、打造全国会展业发展高地的主力军。此外，优秀文化品牌活动的培育也将成为未来文化会展业打造"北京品牌"的重点举措。中国（北京）演艺博览会、北京国际电影节、北京国际音乐节、北京优秀影视剧海外展播季、中国国际视听大会等品牌文化活动将继续扩大北京文化品牌的国际影响力，形成"北京文化矩阵"。在可预见的将来，首都文化产业与会展产业必将继续相互促进、相互融合，以文化产业拉动会展产业内容上的提升，以会展产业促进文化产业影响力的扩大，依托北京市文化类展馆、会展基础设施建设，实现文化会展行业更大更成熟的融合发展。

（三）以技术升级提高受众服务体验

文化会展产业是服务业的一个子部门，用户体验则是衡量文化会展服务质量的重要指标。用户体验的本质是产品和服务满足消费者偏好的一种反映。马斯洛需求理论认为，人的需求自低级到高级包括生理需求、安全需求、情感和归属的需求、尊重的需求以及自我实现的需求。对于文化会展服务而言，与消费者体验相关的是满足高级需求，如自我实现的需要。作为市场主体，文化会展企业应该争取使用户体验超过服务本身，获得"自我意识的灵感"为目的，使顾客获得难以忘怀的、身心愉悦的消费过程，最终实现自我价值的实现①。文化会展产业向体验经济的转换过程，即是文化会展业传统业态实现"用户思维"指导自身转型升级的过程，而这一过程离不开相关技术手段的升级。以 5G 为代表的信息技术基础设施建设将同实体场馆相配合，给予北京市丰富的文化历史资源以新活力，布局相关产业新业态，提高首都文化会展业服务水平，实现服务经济到体验经济的转换。随着文化会展业中体验价值的日益提高，人民的精神需求将得到很大程度的满足，最终实现用户消费需求升级。

（四）借助国际框架打造对外交往会展名片

首都文化会展产业正在或继续面临新的发展机遇，特别是"两区"建设的推进，为文化会展业集聚了政策、技术、资金、基础设施等优势资源，这将成为文化会展产业构筑国际文化品牌、传播中华文化、增强国际竞争力的重要契机，更能助力实现北京文化国际影响力升级。未来，北京市将继续紧抓 RCEP、CPTPP、CEPA、CAI 以及共建"一带一路"带来的机遇，加强行业的国际化交流与开放合作，增强产业韧性，打造首都文化会展的名片。

目前，首都北京文化影响力日渐增大，将逐步成为 RCEP 等相关框架中各国的交流中心。正如习近平总书记所言，"我们要立足中国大地，讲好中华文明故事，向世界展现可信、可爱、可敬的中国形象。要讲清楚中国是什么样的文明和什么样的国家，讲清楚中国人的宇宙观、天下观、社会观、道德观，展现中华文明的悠久历史和人文底蕴，促使世界读懂中国、读懂中国人民、读懂中国共产党、读懂中华民族"②，这一目标的实现需要借助多边合作框架，以文化会展名片，使中华文明立足于世界民族之林。

---

① 刘泓：《文化创意产业十五讲》，四川大学出版社 2012 年版，第 244 页。
② 习近平："把中国文明历史研究引向深入 增强历史自觉坚定文化自信"，《求是》，2022 年第 14 期。

表3 "十四五"时期北京市部分重大会议展览计划

序号	类别	名称
1	国家主场外交活动	"一带一路"国际合作高峰论坛
		中非合作论坛北京峰会
		中国共产党与世界政党领导人峰会
2	国际会议展览	中国国际服务贸易交易会
		中关村论坛
		世界机器人大会
		中国科幻大会
3	重大体育赛事	中国网球公开赛
		北京国际山地徒步大赛
		北京马拉松
4	会议活动	世界肢体延长与重建大会
		世界黄金大会
		世界氢能技术大会

资料来源：北京市"十四五"时期会展业发展规划。

首先，在 RCEP 框架下，我国对东盟国家知识产权贸易等相关的文化服务贸易出口规模将持续扩大。尤其是以"北京—东盟"投资合作日为代表的国际合作体系日益成熟，这为首都文化会展产业发挥自身优势、加强国际合作创造了有利条件，更能保证文化活动的国际交流活力，持续将域内优秀文化活动"引进来"、本土优秀文化活动"走出去"。同时，北京将继续充分利用国家间日益增加的货物贸易、服务贸易往来，建设一大批体现中国特色和优势的会议展览活动，为多边经济文化合作提供平台，以"北京方案"构筑"中国品牌"。

其次，在"两区"建设背景下，北京文化会展产业将在多边框架下继续提质升级，通过产业的延伸与融合，进一步推动高端商务会展旅游发展，开发文创旅游、体育旅游、国际研学、中医药健康旅游新产品，实现文化会展业与相关产业融合发展。随着同 RCEP 各成员国在教育、旅游、医疗等方面的深度合作，北京文化会展市场主体也将继续走向国际市场，以区域合作焕发首都会展新生机、以文化会展形成域内国家经济新动能。

"文化+""会展+"的发展模式将开发一大批面向海外的特定项目，提高相关产业协同度，实现首都文化会展产业的创新发展，同时促进价值链的攀升。

（五）推进绿色会展、低碳会展战略

地球是人类赖以生存的唯一家园，绿色、低碳、可持续成为产业发展的关键。党的十九大后，北京市石景山区取得了"绿色低碳的首都西部综合服务区"的功能定位，并在随后的北京冬奥会中向全世界展示了首钢园滑雪大跳台、首钢冬训中心等建设成果，这些都是北京文化会展行业中实现绿色低碳转型的优秀案例。首钢园作为传统工业转型发展的代表，在原有工业园区的基础上建立了诸多文化创意产业功能区、科幻产业基地等，成为北京市文化会展产业绿色转型的典范。

进入"十四五"建设时期，北京将继续积极推进绿色低碳转型战略，首都文化会展产业也将力求场馆设施、展会组织以及展会服务等文化会展业各个环节的创新建设与节能环保。一方面，北京将继续引导文化会展企业积极创新，给予资金、人才、技术上的支持。另一方面，逐渐将节能环保建筑的理念与设计引入文化会展相关的基础设施建设，通过加大对可重复利用的展览物料的资金投入，提高相关基建的利用率，保障文化会展产业可持续发展。未来北京将呈现以技术手段实现会展业的环保节能的生动景象，为国家"双碳"目标的实现贡献力量。

（六）建立文化会展产业的应急管理机制

新冠肺炎疫情使文化会展相关企业的生存面临着严峻考验。文化会展产业的应急管理机制的重要性和必要性日益凸显。因此要通过中央和地方两级政府的主动干预，依托行业协会平台和相关企业之间的携手，积极建设公共危机应急管理以及预警模式。

一是建立国家级人才孵化基地。政府应与相关企业合作，为相关文化会展的从业人才提供经济、设施、教育上的支持，以便从业者能由此获得相对较低价格的技术支持、资料支持等，从而整体降低从业者的进入门槛。目前，文化会展行业的从业人员更加趋于年轻化、高素质化和多元化。不仅要设立专门的文化会展人才基地，搭建起面向实践的人才培养体系，还要打造文化会展产业园区和相关企业集聚区。当重大公共危机事件来临时，基地、园区可作为"蓄水池"，为受到影响的从业者解决就业问题，保证文化会展产业的持续性发展，提高核心层竞争力。

二是政府应建立文化联控单位，与相关负责单位就自然灾害、公共卫生、重大舆情等公共危机事件开设联席会议，达成协同合作，并采取相关应对措施进行舆论管理、内容管理，持续提升文化会展产业的现代治理能力和治理水平。

The New Trend and Situation of Cultural Convention and Exhibition Industry in Beijing under the Background of "Two Zones" Construction

Jia Ruizhe, Zhang Yongjun

Abstract: Since 2020, the spread of COVID-19 epidemic and the development of digital economy have brought new opportunities and challenges to the development of China's cultural convention and exhibition industry. As a national cultural center, Beijing has been more strongly affected than before. Faced to great changes of the external environment, the Beijing's cultural convention and exhibition industry has presented some new characteristics, mainly showing an obvious trend of digitization and cloud, resulting in online performances, online exhibitions and many other emerging forms of business. At present, the cultural convention and exhibition industry of Beijing has relatively superior production factor resources. With the the construction of the "Two Zones" and the stabilization of the epidemic prevention situation, the cultural convention and exhibition industry in Beijing will further improve the cultural supply. At the same time, the new mode of cultural consumption is gradually taking shape, both the industrial chain and the value chain of cultural convention and exhibition enterprises are being further optimized, and relevant policies assistance is gradually being strengthened, helping the cultural convention and exhibition industry recover. In the future, under the background of the construction of the "Two Zones", the cultural convention and exhibition industry will continue the "online to offline" development trend during the epidemic period, continuing to strengthen digital transformation, strive to carry out brand construction of quality cultural convention and exhibitions, and improve users' experience with the technology upgrading. Meanwhile, the cultural convention and exhibition will be used to create new business cards for the Beijing's diplomacy. In addition, exploring a green and low-carbon mode, establishing an emergency mechanism, and improving the risk aversion ability will also become the inevitable trend to ensure the safe and sustainable development of the cultural industry.

Keywords: Cultural Convention and Exhibition Industry; Emergency Management Mechanisms; "Two Zones" construction; Digitization

数字经济促进会展业发展的路径和对策分析

李扬*

摘　要： 数字经济为会展业发展带来了全新机遇，行业内应积极探索数字会展，充分运用数字化技术助力会展业向更高业态发展，实现会展业数字化转型升级。本文通过数字会展现状分析，厘清数字会展概念，从数字会展产业、标准、平台、人才、组织、政策和技术七个方面，对会展业数字化进行分析并提出相应建议，认为会展业应当加快建设会展数字化产业，制定数字会展行业标准，打造数字会展平台，培育数字会展人才，引导数字会展组织与国际接轨，出台政策鼓励会展数字化，加强数字和技术两方面支撑。

关键词： 会展　数字经济　数字会展

一、引言

2020 年初，突然暴发的新冠肺炎疫情打乱了正常的生产生活秩序，对中国各行各业造成了不同程度的冲击。2020 年 1 月 24 日起，各地政府相继要求暂停包括展览在内的人群聚集性活动。据中国会展经济研究会调查，2020 年全国举办线下展览总数和展览总面积较 2019 年分别减少了 50.98%和 48.05%。2021 年全国举办线下展览 5497 场，展览总面积为 9188.57 万平方米，较上年净增 89 场和 1461.96 万平方米，增幅分别为 1.65%和 18.92%。

---

* 李扬：江苏连云港人，2019 年毕业于对外经济贸易大学，获经济学博士学位，美国波士顿学院访问学者。现为北京第二外国语学院经济学院讲师，硕士生导师。研究领域为消费经济、计量经济学。

2022 年上半年，反复多发的疫情给会展行业带来难以估量的损失。①

新冠肺炎疫情对会展业冲击巨大，同时还推动了会展业由线下向线上的数字化转型。根据全球展览业协会（UFI）2020 和 2021 年的调查，新冠肺炎疫情的影响连续两年被排在中国会展企业最关切问题第一位。中国会展经济研究会常务副会长储祥银在标题为《实虚双轮驱动展览业创新发展》的主旨演讲中指出，新冠疫情对会展行业的影响是全面而持续的，会展行业需要发挥更坚强的韧性，需要乐观地看待中国经济发展，团结一致、面向未来。数字产业化、产业数字化是发展方向，会展数字化创新不仅是疫情常态化条件下会展行业生存和发展的需要，更是会展产业行稳致远、高质量发展的基本途径和有效抓手，社会各界要引起高度重视，形成共识和合力，拥抱数字技术，加快会展数字化进程，促进会展业健康发展。

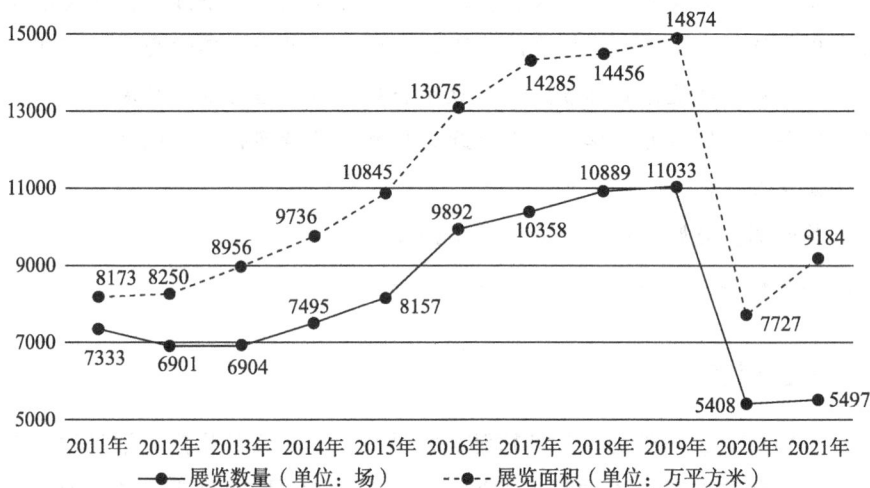

图 1　2011—2021 年全国展览数量、展览面积发展情况

数据来源：中国会展经济研究会：《2021 年度中国展览数据统计报告》。

二、数字经济对会展业发展的意义

数字经济迅猛发展，数字化转型迫在眉睫。2015 年，国务院颁布了

---

①　参见《2020 年度中国展览数据统计报告》和《2021 年度中国展览数据统计报告》。

《关于进一步促进展览业改革发展的若干意见》，重点提出加快信息化进程，提升组织化水平，健全展览产业链，形成行业配套、产业联动、运行高效的展览业服务体系。2017 年 3 月，数字经济首次写入政府工作报告。中共中央明确提出要构建以数据为关键要素的数字经济，推动实体经济与数字经济的融合发展。在"十四五"规划中，我国首次提出数字经济核心产业增加值占 GDP 比重这一新经济指标，明确指出"加快数字化发展 建设数字中国"为新时代的发展方向；2021 年在全国两会上，"数字化"与"数字经济"再次成为热词，数字化转型为"众盼所归"。

随着数字经济时代的到来，叠加疫情影响，会展行业积极摸索线下转为线上的会展服务，逐步探索出数字技术辅助线下、线上+线下双线融合，以及纯线上等多种数字会展模式。数字化形态的展会能够为主办方、参展商及观众呈现更加丰富的场景，为展览业带来了新的价值创造和服务创新，并朝着数字化、平台化和生态化的方向发展，是未来会展行业发展的趋势。

自 2020 年新冠肺炎疫情发生以来，党中央、国务院、商务部和各级地方政府纷纷出台相关政策鼓励会展行业利用新技术推进展会服务创新、管理创新、业态模式创新，加快培育行业发展新动能。2022 年 5 月，为帮扶外贸企业应对困难挑战，实现进出口保稳提质任务目标，助力稳经济稳产业链供应链，国务院办公厅印发了《关于推动外贸保稳提质的意见》，明确了各地方、重点行业协会优化创新线上办展模式。支持中小微企业以"境内线上对口谈、境外线下商品展"等方式参加境外展会，促进企业用好线上渠道扩大贸易成交。中国政府还提议，"十四五"期间，推进公共文化场馆数字化和免费开放，开发在线数字体验产品和全新文化旅游服务，如沉浸式旅游、虚拟线上展和高清直播。发挥会展业在扩大对外开放、增加社会就业、拉动消费增长、促进双循环格局等方面的重要作用。政府主导的会展品牌"广交会""服贸会"率先分别实现了纯线上和线上线下融合模式。新冠肺炎疫情加速了以数字技术为依托的线上会展、云会展、双线融合会展从技术理念落实到实践应用。腾讯、华为、百度、阿里、京东等互联网巨头纷纷布局以"云"计算、"云"技术为特征的数字会展业务，国内领先的会展集团也都着眼于布局数字化转型升级。

（一）数字经济高速发展

"数字经济"是指以使用数字化的知识和信息作为关键生产要素、以现代信息网络作为重要载体、以信息通信技术的有效使用作为效率提升和经济结构优化的重要推动力的一系列经济活动。

在"十四五"时期，新一轮科技革命和产业变革快速发展，我国的数字经济产业正处于深化应用、规范化发展的阶段，市场前景巨大。《中国数字经济发展白皮书（2021)》显示，2020 年中国数字经济市场规模达 39.2 万亿元人民币，同比增长 9.7%。数字经济占 GDP 比重逐年提升，2005 至 2020 年我国数字经济占 GDP 比重由 14.2% 提升至 38.6%，同比提升 2.4 个百分点。另据数据表明，2020 年，全球 47 个国家数字经济规模总量达到 32.6 万亿美元，同比名义增长 3%，占 GDP 比重为 43.7%，中国数字经济规模位居世界第二，增速位居世界第一。[①]

（二）数字会展的定义

传统会展的定义是对会议、展览、大型活动等集体性的商业或非商业活动的简称。其概念内涵是指在一定地域空间，许多人聚集在一起形成的定期或不定期、制度或非制度的传递和交流信息的群众性社会活动；其概念的外延包括各种类型的博览会、展销活动、大中小型会议、文化活动、节庆活动等。

数字会展的一般定义是指会展产业链上下游企业使用数字化的软硬件技术重塑组织结构、工作方式、业务流程，面向会展市场和会展参与群体提供数字化的产品和服务，创建数字化的连接，创造个性化的服务体验，获得数字化的收入，从而促进企业数字化转型的系列经营、运营和管理行为的集合。因此，数字会展不仅是新工具、新技术、新理念的应用，也是一种新业态、新模式和管理的创新。(杨正，2022)。

随着数字化进程的不断加快，会展产业数字化的深度和广度也在不断延伸。建设数字会展已从单个会展项目的数字化和在线化，上升到建设整

---

① 中国信息通信研究院：《中国数字经济发展白皮书（2021 年)》。

个企业或城市层面的会展项目在线化和数字化；由一场会展项目的周期运营，到全年、全生命周期的运营。而会展技术服务商也由最初的会展数字化建设服务者，逐渐向实现从策划设计到持续运营的全方案服务商转变，由最初的线下会展数字化服务商，发展到线上+线下融合的会展技术服务商。

狭义数字会展指在线展会，也称网络展会或虚拟展会。本质是以互联网为基础，将云计算、大数据、移动互联网技术、社交社群、会展产业链中的各个实体汇聚为一体构建一个数字信息集成化的展示空间，从而形成全方位立体化的新型展览和服务模式。尤其强调参会人员的线上交流与互动。

广义数字会展则是将体现出以下特征的展览会都纳入数字会展的范畴。在技术层面，包括大数据、云计算、物联网、区块链、人工智能、5G通信、元宇宙等新兴技术在会展领域的应用；在经营管理层面，企业使用数字化的软硬件技术重塑组织结构、工作方式、业务流程。通过提供数字化的产品和服务，数字展览创建数字化的连接并创造数字化的个性化服务体验，从而促进企业数字化转型的系列经营、运营和管理行为的集合。

我们可以用会展行业"数字化"和数字行业"会展化"来界定数字会展概念。

在传统的会展行业中，如果有整体业态或局部业态体现出"数字化"功能，我们就可以把它归类为数字会展。比如会展内容是数字化方面的发布会，会展形式是在线展示平台，会展组织企业是数字企业（电子化企业），会展组织过程中使用了数字化技术手段，传播途径主要是通过数字化平台传播等等，这些都可以被归类为数字会展。

而数字化互联网企业探索出的新业态，如阿里、京东和拼多多等网商平台，抖音、B站和快手等直播平台，腾讯会议、钉钉和ZOOM等在线会议平台，如果其整体业态或局部业态体现出"会展化"功能，我们就可以把它们归类为数字会展。比如天猫商城的在线展示、沟通协商和促成交易，双十一购物节各平台的大规模商品和服务展销活动，抖音平台主播以直播形式讲解商品，企业双方通过腾讯会议采用线上会议形式对交易产品和交易流程进行磋商会谈，这些都可以被归类为数字会展。（梁增贤等，

2021）

（三）数字会展的主体

数字会展的主体可以是"数字化"的会展，也可以是"会展化"的数字。

首先，"数字化"会展业的主体（服务提供方）是数字化的会展产业链上下游的服务方，即服务会展产业链的行业和企业。比如，会展活动的主办方和承办方，以及会展活动的服务方和合作方。这些企业使用数字化的软硬件技术重塑组织结构、工作方式、业务流程，通过提供数字化的产品和服务，数字展览创建数字化的连接并创造数字化的个性化服务体验，从而促成企业数字化转型的系列经营、运营和管理行为的集合。

其次，"会展化"的数字的主体是各种展览形式的数据，包含展览的参展群体（参会者、观众、嘉宾、展商、赞助商、媒体、VIP、志愿者、工作人员等）信息和展览品信息，数字化的展览平台（电商平台、视频直播平台、在线会议平台等），以及用于展示的各种新兴技术（大数据、云计算、物联网、区块链、人工智能、5G 通信、元宇宙等）。

（四）数字会展的必要性

从国家层面而言，党中央多次提出要推动形成以国内大循环为主体、国内国际双循环相互促进的新发展格局。数字会展不仅是新工具、新技术、新理念，更是一种新业态和管理创新。因此，会展业可充分利用数字会展承担双循环格局中的使命与担当，促进双循环经济的发展，优化贸易流通供销体系，在危机中育先机、于变局中开新局。

从会展行业的宏观层面来看，发展数字会展就是会展行业在危机中育先机、于变局中开新局。会展产业链的上下游企业通过发展和应用数字技术，实现了多领域的加速突破，促生出各种基于数字技术的新商业、新模式、新业态，进而促进会展产业和会展企业数字化转型。疫情之前，互联网、云计算、虚拟体验、人工智能、数字支付等数字技术已经在促进传统实体的会展业务与非接触的数字会展业务相融合，突如其来的新冠肺炎疫情则加速了将这些新业态融入会展企业的新机会。会展产业链企业提前合理利用数字技术进行数字化布局，能为自身带来创造与获取顾客价值的新机会，最终实现穿越危机（葛浩然等，2022；裴超，2021；李军燕等，2020）。

从会展企业的微观层面来看，在过去十多年间，互联网从微博、QQ到微信、抖音、快手，场景应用发展非常快，应用在加速向数字化迁移。但大量的碎片化应用系统又使会展业数字化发展面临新挑战。主要表现为：营销渠道的割裂、信息化系统的割裂、场景覆盖和用户画像能力不足。正是因为这些挑战，会展行业的数字化已是必然，疫情常态化的趋势则进一步加速了转型的过程。

三、数字会展现状

（一）线上办展情况

新冠肺炎疫情发生以来，会展业在艰难环境下加速了线上办展。2020年4月，新冠肺炎疫情防控常态化，为了推动会展业加快恢复和发展，商务部发布了《关于创新展会服务模式，培育展览业发展新动能有关工作的通知》，提出创新展会服务模式，线上展会的发展探索进入全新阶段。据不完全统计，2020年全国各地、各机构举办的线上展会达628场。此外，由会展公司为参展商举办的小型线上展销活动有数千场之多。[1] 2021年中国境内线上展总计举办714场，增幅达13.69%。其中，与线下展会同期举办的为623场，占线上展会总数的87.25%。广交会、进博会、服贸会等国家级展览皆为线下与线上双结合的办展模式。2021年单独举行的91场线上展中，福州、杭州、广州举办数量分别为24、14、9场，位列前三。[2]

（二）融合会展

线上线下结合的融合会展是当前数字会展的主流模式。融合会展是指传统线上会展与线下会展的融合举办，国际上融合会展叫 Hybrid Event。

---

[1]　参见《2020年度中国展览数据统计报告》。

[2]　参见《2021年度中国展览数据统计报告》。

融合会展并不是将线上与线下会展割裂举办，而是一体化的深度融合，表现为：线上参展观展注册与线下参展观展注册的身份和数据的融合；线上营销和线下营销相互引流深度融合；线上参展和线下参展的商贸互动融合；线上观展和线下观展以及参会的自由选择，其行为数据可融合；最后是线上与线下观众和展商等各类人员数据库的融合，以形成多维度的用户画像和多维度分析。

相比线下办展困难，单纯的线上办展效果不佳，线上线下结合模式更适应当前环境。2020年国际行业调研报告显示：超过80%的主办方选择或会选择线上会展的形式弥补线下展会；超过80%的观众和参展商至少尝试过一种新的数字会展服务。

（三）与互联网公司合作打造数字会展云平台

云会展的出现解决了线下会展有时无法如期举行的燃眉之急，各大互联网公司纷纷入局云会展。传统展览业由于缺少互联网基因，大多选择与互联网公司合作，共同打造会展云平台。展览行业数字化的不断推进吸引了互联网巨头的加入，腾讯、阿里、京东等互联网巨头纷纷牵手国内领先的展览集团，布局以云计算、云技术为特征的数字展览业务。"2020年度线上会展服务机构20强"榜单中，腾讯云会展、云上会展有限公司（阿里巴巴）、京东云会展等榜上有名。

线上会展拥有大量的参展商和观众，会议举办期流量巨大，对互联网云技术要求很高，因此，上榜的云平台背后都有几大国有互联网巨头的身影。贸促云展平台、31会议展览云、华为云展会、百度VR云展会等线上会展机构位列前茅。其中贸促云展平台是中展公司与腾讯云计算（北京）有限责任公司联手开发的一站式全流程数字展览平台。2021年成立的首都会展（集团）有限公司引入了多家战略投资者，其中包括京东科技。另一互联网巨头阿里巴巴集团则与上海开展深度合作，双方共同在上海建设了"云展平台"——云上会展有限公司。

（四）数字会展的发展趋势

会展主办机构、参展者和观众均对数字会展持乐观态度。会展主办机构积极探索数字会展的具体实现形式，推动会展朝着线上与线下融合的方向发展。参展者十分欢迎线上展览的数字化元素，对数字会展接受度较高。

中国会展主办机构数字化调研报告（2022）显示，2021年，双线融合举办成为常态，近70%的主办机构选择了双线融合的举办方式。总体而言，对会展数字化转型持乐观和积极态度的超过90%，超过1/3的机构认为数字化转型比以前重要得多。[①] 全球展览业协会（UFI）发布的《全球恢复洞察2021》[②] 和《UFI全球展览行业晴雨表2022》[③] 显示，不论是参展商还是参展游客，从各方面都更偏好线下面对面的展览，尽管数字会展能够节省参会的时间和其他成本，但目前数字会展尚不能完全取代线下会展，更多的选择是线上线下融合发展。

数字会展正在不断深化和广化，数字产业化和产业数字化双向融合必然是数字会展的发展趋势（楚有才，2021）。励展博览集团于2020年12月初发布了首份《关于"COVID-19及其如何改变会展业"的白皮书》，数字会展技术的应用明显呈持续增长趋势，而且人们对于重回线下展会形式持越来越积极的态度。《2021励展新兴技术执行报告》显示，88%的展会管理人员表示，他们在开展业务时利用了AI技术，这是调研中比率最高的行业部门；98%的展会领导者认为，新兴技术对他们所在的行业具有积极影响。

四、数字经济促进会展业发展的路径

会展产业的发展在数字化浪潮下面临着巨大的机遇和挑战，如何积极抓住数字经济的机遇，实现会展产业数字化？结合北京第二外国语学院刘大可和刘林艳教授的观点，笔者认为需要从以下七个指标来考察：会展数字化产业生态、数字会展标准、数字会展平台、数字会展人才、数字会展组织、数字会展政策和数字技术支撑。

[①] 参见《中国会展主办机构数字化调研报告（2022）》。
[②] UFI, Global Recovery Insights 2021-The road to recovery。
[③] UFI, The Global Exhibition Barometer（February 2022）。

（一）会展数字化产业生态

近年来，随着信息技术的飞速发展，数字经济成为经济发展新动能，会展业开始探索线上办展、企业数字化运营和引入 VR、AI 和元宇宙等新技术。数字会展业态作为数字会展经济的重要组成部分，涵盖数字展览、数字展厅、在线会议、在线洽谈室、新闻发布会、在线直播、视频号直播等类型，推动着会展业的数字化升级和转型。这些数字会展业态的兴起并不完全是疫情客观催生的，而是客户需求的驱动和科技发展的变革，已经成为经济社会与实体产业高质量发展的必然结果，更是数字会展经济创新的标志和产物。会展数字化产业生态主要分为三部分：第一部分是会展企业的数字化运营和服务的数字化水平，作用是加强企业经营效率和管理水平；第二部分是数字会展产业链条数字化，作用是强化会展业在配套行业数字化中的数据集成优化，增强会展产业链上下游企业协同能力；第三是会展产品数字化，目标是探索线上办展，打造线上平台，提高数字化盈利水平（孟凡新，2021）。

（二）数字会展标准

数字化发展离不开制定相关的标准和规范。完善的会展数字化标准是会展业进行数字化探索的引领标杆，也是行业良性发展的基本保障。行业协会和研究机构应当根据成功范例，制定出会展业数字化评价体系，进而引导和规范企业数字化进程。会展业数字化标准应当从数字展会的术语及定义、准入要求、技术标准、管理标准、服务流程及内容、服务保障等方面进行说明。首先是定义，数字展会是一种互联网技术和思维下的新型会展生态圈和展示方式，其本质是以互联网为基础，将云计算、大数据、移动互联网技术与社交社群、会展产业链中的各个实体集聚一体，构建一个数字信息集成化的展示空间，从而形成全方位立体化的新型数字展会服务模式；其次是明确数字展会的准入要求、技术标准和管理标准，详细制定从线下到线上转型升级的有效措施、新技术的使用，及其对于数字会展管理的相关要求；最后还应对数字展会的服务内容、流程、保障等制定相关标准，明确数字会展与传统线下展会的区别，数字展会的核心内容和竞争优势等。

（三）数字会展平台

数字会展平台是数字会展经济发展的必经之路，是引领数字会展经济发展的重要驱动力。数字会展平台整合了网络的高效性、普及性、虚拟性和信息集散功能以及虚拟现实等新兴技术对虚拟实物的高感知性，既有信息集散功能，又能突破时空限制、降低会展成本、扩大会展活动覆盖面，提高办展效率。数字会展平台能够实现图/文/视频展示、在线直播展示、多语言展示、3D/VR展示、多渠道展示在内的线上展示功能；实现智能算法推荐对接、关键词搜索与筛选、预约撮合活动对接、对接日程管理等在内的线上对接功能；实现及时通信洽谈、在线视频通话洽谈、点赞/收藏/留言等在内的线上交流功能。但需要充分运用大数据等现代信息技术手段搭建数字会展平台，统一组织和管理。

（四）数字会展人才

数字会展中心城市建设除了要具备信息基础设施以外，还需要准确丰富的空间数据信息以及收集、分析、整理、存储和应用这些数据信息的高素质人才。数字会展经济的发展离不开人才的保障，数字会展人才是发展数字会展经济的重要支撑。在支撑数字会展经济发展的各种生产要素中，人才要素是最有力的支撑，是驱动数字会展经济发展的第一要素。完备的数字会展人才团队是发展数字会展经济的强大后援。数字会展人才除了要拥有良好的职业道德素养、工作能力素养、语言表达能力和沟通能力，具有进取精神、团队精神和创造力，具有亲和力和处理人际关系、把握客户心理的能力等基本素质之外，还需要掌握数据运营技能、数字营销技能、数字化咨询技能、大数据技能、现代信息技术手段等能力。

（五）数字会展组织

新冠肺炎疫情发生以来，会展业务、数据、服务的模式和方式均发生了变化，对于人才技能、会展举办、行业发展都带来了新的挑战。会展企业在数字化转型过程中，迫切需要建立一个组织以共同应对行业变革。数字会展组织是介于政府与数字会展企业之间，提供相关服务、咨询、沟通、监督、自律、协调的公共组织。它不属于政府的管理机构，而是非营利性机构，是政府与企业、企业与企业之间的桥梁和纽带。为了加快数字会展行业的发展，突破技术壁垒，未来需要成立跨行业的数字会展组织。它们的作用是：帮助政府了解行业的真实情况，精准制定扶持政策；携手政府制定行业相关标准，推动数字化场馆服务和展品品质提升；关注数字会展的最新情况，了解企业的实际情况，形成系统性调研报告，实事求是反映数字会展行业现状；利用信息资源多元的优势，为组织成员搭建交流合作平台，助力产业升级。

（六）数字会展政策

政策支持是数字会展持续向好发展的基点。要加快数字会展发展，推进会展产业数字化，政策的指导作用就显得尤为关键和必要。政策作为支撑会展业发展的必要条件，已成为各地发展数字会展经济的重要推动力与支撑点，极大地增强了数字会展产业发展的信心。政府应出台全覆盖、多方位、深层次的数字会展政策；明确牵头管理部门，动员相关企业以政策为导向，依托数字经济，以互联网为载体，持续探索数字会展产业发展新路径；规范发展专项资金管理，提高使用效益，针对不同的数字会展企业情况给予支持；鼓励行业创新发展，扩大数字会展消费，推动数字会展与其他优势产业融合，助力产业升级。

（七）数字技术支撑

数字会展利用数字技术构建以参展商和用户为核心的智能化信息系统，提供展前筹备、展中服务、展后跟进一站式服务。5G、云计算、大数据、人工智能等新技术促进了数字会展高质量发展，有助于实现线上线下有机融合发展，助力参展商拓宽营销渠道，利用大数据为其精准推荐观众，并随时随地进行线上商贸洽谈。此外，AR/VR等技术使展览内容不再是单向的信息传递，而是让观众由被动接收信息转为主动参与其中，打造沉浸式观展体验。数字会展离不开数字技术，数字技术覆盖会展活动的全流程，包括线上与线下、软件与硬件，同时也覆盖企业运营和管理的各个环节。数字会展为运营方、主办方、参展商、观众等主体提供了便捷高效的数字化服务，如视频直播、虚拟展览、人脸识别、统计用户画像、分析观众数据等，从而达到相关利益方共赢的效果。

五、数字经济促进会展业发展的对策

（一）加快建设会展数字化产业生态

产业生态是会展业数字化的土壤和根基，加快推进数字会展产业整体业态至关重要。首先，会展企业要推进数字化改革和运营机制创新，包括企业人员管理模式、展馆管理体制和业务运作方式等，提高数据的利用率和有效性，结合专业的数字化技术支撑来精准匹配和洽谈，真正让客户获得精准的个性化服务，促进供采双方交流通畅，打造线上智能平台。其次，增强会展产业链上下游企业协同能力，增强与酒店、交通和文旅等关联产业的数字化沟通融合，整合延伸产业链条，提升整体数字化水平。最后，采取"线上+线下"双线融合模式。线上会展无疑是会展业发展的新业态，能够实现场景重塑和价值再造，可以不受时间、空间和地域的限制，将信息流、资金流和资源在线上再度融合。

孵化和打造会展品牌 IP，加强产业联动。会展能够在短时间内实现高度集中曝光，但由于持续时间有限，往往后续乏力，难以获得长时间关注。为此，应当对会展品牌进行 IP 打造，加强与展会产业的联动，转变成为产业信息、数据和交流平台。具体做法包括：第一，深度拓展和维护官方渠道、媒体渠道和行业渠道，设计展会项目吉祥物，运营自媒体平台，运用好短视频、网上直播和攻略指南等数字化传播方式，维持会展品牌曝光度；第二，根据展会所属行业，积极融入行业协会，并深度参与协会组织的年度评选、峰会论坛和行业报告，提供线上和线下全方位服务；第三，加强与国际顶尖展会 IP 联动，借助其知名度，进行自我推广。

（二）制定数字会展行业标准

数字会展的官方定义对指导会展业数字化意义重大。可由政府牵头，联合国际展览与项目协会（IAEE）、中国会展经济研究会、全国会展业标准化技术委员会等行业组织，研发、制定和发布数字会展行业标准、数字会展标准，以及数字会展城市标准，并进行试点实践探索，取得成效后再进行推广。官方的行业标准可以作为企业的数字化指南。依据官方标准，各企业目标明确、道路清晰，可节省大量调研和试错成本。政府依据制定的标准对各会展企业、大型会展活动和会展城市定期进行评估，为政策制定提供切实依据。

（三）打造数字会展平台

打造一批数字会展平台，促进会展行业与互联网行业相互融合，推动展览从线下到线上转变。互联网行业占据数字化高点，但是培养数字化人才和建设数字化企业成本高昂，采用行业协作模式可使双方效益最大化。数字会展平台是发展数字会展经济的必经之路，是引领数字会展经济发展的重要驱动力。当前国内的主要会展平台有腾讯云会展、云上会展有限公司（阿里巴巴）、京东云会展和贸促云展平台等。面对数字化转型需要的前期投入，为避免企业重复建设，需要搭建公共服务平台，为会展企业数字化转型提供服务，同时推动行业资源流动，降低中小会展企业数字化应用成本，推动会展经济生产服务业加快数字化转型。一是实现会展数字化即插即用服务平台，推动中小微企业共享数字会展基础设施资源，形成企业级能力复用平台，推动更多传统会展企业、会展服务商"上云用数赋智"；二是积极打造国际数字会展服务平台，加快形成与国际接轨的数字会展服务体系，打造服务于国际信息产业和数字贸易港的数字会展服务平台；三是形成会展数字化转型的行业创新平台，鼓励行业龙头企业开放数据资源，协同解决技术、标准、模式方面的共性问题，为中小微会展企业数字化转型赋能增效。

（四）培育数字会展人才

重视高端人才引育工作。一方面筑巢引凤，利用重大会展举办和行业项目合作契机，汇聚并集结行业优秀人才和高端技术社群，提供更多交流机会和展示平台，积极招引头部会展企业和行业精英，快速提升行业发展能级。另一方面立足自身，完善会展人才培养体系，持续组织开展高端会展人才系列培训，聚焦数字经济、数字会展等重点内容，推出针对性培训内容设置，着力提升行业从业者能力水平。同时，依托在京开设会展专业的高校，进一步强化会展专业建设，引导提高专业教学与就业实践的适配性，增加最新行业知识的教学内容，广泛开展多种形式的产学研合作，不断提升高校毕业生的会展专业技能水平和岗位适应能力，为行业持续健康发展储备人才。

人才是会展经济发展的重要因素，对此需进一步增强数字会展人才的供给机制。一是健全"互联网+会展"的复合型人才培育引进机制，将数字会展人才纳入中长期人才发展规划，将数字会展相关人才列入紧缺人才目录，积极引进会展业高端技术人才；二是创新人才培养机制，加强院校会展专业建设，联合产、学、研推动数字会展人才培养方式创新，支持会展行业协会、会展企业与院校、科研机构等开展合作，加大对本地数字会展专业人才培育工作；三是增强数字会展业务培训，设立会展数字化转型专业培训，鼓励会展企业加强与国际科技公司交流，强化国际数字会展人才队伍建设。

（五）引导数字会展组织与国际对接

行业协会对会展行业数字化发展具有重要的指引作用，需要加强对会展行业协会的引导，以及与国际会展行业的对接。中国会展经济研究会是国内影响力最大的会展协会，由会展业内的专家学者和从业人员职员组成，每年积极参与会展行业活动并发布各类报告；与国外的全球展览业协会（UFI）和国际展览与项目协会（IAEE）等相比，该协会研究成果多以数据统计为主，对会展行业的影响力较弱。因此，建立官方背景的行业协会，增强协会的运作基础，增强与国际协会的联系。行业协会连接官方与行业，通过协会的专家学者研究，结合从业者的深入调研，形成一套科学规范的数字会展行业标准，引导会展业的数字化发展。

（六）出台政策鼓励会展数字化

出台鼓励会展业数字化发展的支持政策。会展业对经济的拉动作用显著，因此政府往往鼓励会展业发展。为了引导会展业在数字化时代健康发展，进一步发挥经济效应，政府应当出台适当的鼓励政策。为此，应当进行多方调研，在制定数字会展的基础上，对会展业进行测评和数字化评分，并以此对企业进行鼓励。并且对会展业数字化发展做到定期评估，考察政策有效性，并长期进行追组调查，适时进行修正，确保政策能够促进会展业数字化发展。

（七）加强数字和技术两方支撑

加强数字技术在会展业的应用和研发，分别加强数字和技术两方面建设。会展行业应当进行数字技术积累，包括软件和硬件建设，并建立行业运营数据库。数字技术的发展能够大大促进会展业的数字化，因而加强会展业的数字技术支撑十分重要。数字技术强调数据和互联网技术的运用，因此会展业一方面要加强会展数据的整合和利用，将数据作为企业的核心竞争力，另一方面，要将数据应用技术作为重要突破方向，加强互联网技术的掌握。数字会展可为运营方、主办方、参展商、观众等主体的数据进行精准匹配，通过分析用户画像和观众数据，大大提高产品的交易成功率，助力会展业对贸易的促进作用；用5G、云计算、大数据、人工智能等新技术促进数字会展高质量发展，有助于实现线上线下有机融合发展，助力参展商拓宽营销渠道，利用大数据为其精准推荐观众，并随时随地进行线上商贸洽谈。

Analysis on the Path and Countermeasure of Digital Economy Promoting the Development of Convention and Exhibition Industry

Li Yang

Abstract: The digital economy has brought new opportunities for the development of the convention and exhibition industry. The industry should actively explore digital exhibitions, make full use of digital technology to help the convention and exhibition industry develop to a higher type, and realize the digital transformation and upgrading of the convention and exhibition industry. This paper shows the current situation of digital convention and exhibition, clarifies its concept, analyzes it from seven aspects: digital convention and exhibition industry, standard, platform, talent, organization, policy and technology, and puts forward corresponding suggestions. The convention and exhibition industry should accelerate the construction of digital convention and exhibition industry, formulate the standards, build the platform, and cultivate the talents. Besides, we will guide digital convention and exhibition organizations to integrate with the world, introduce policies to encourage convention and exhibition digitization, and strengthen the support of digital and technology.

Keywords: Convention and Exhibition Industry; Digital Economy; Digital Convention and Exhibition

品牌联合视角下知名政府主导型展会发展策略研究

——以北京科博会为例

王菁川[*]

摘　要：知名政府主导型展会在长期发展中可能在展览内容、专业观众质量、品牌传播创新、运营模式等方面面临一些问题。通过品牌联合，北京科博会成效显著，社会影响力得到很大提高，成为知名政府主导型展会探索发展新路径的典型案例。要根据城市资源禀赋条件和经济发展规划，选择适合的展会品牌联合和组织运营，重视专业受众，加强多渠道传播推广，实现优势互补，满足新的市场需求，扩大知识政府主导型展会的行业影响力。

关键词：品牌联合　政府主导型展会　创新发展

一、引言

会展业因其产业关联度广、平台效应显著而被誉为国民经济的"晴雨表"和"助推器"。各地政府历经数年甚至数十年培育的会展品牌活动，承载着宣传区域经济发展政策、吸引项目落地、促进经贸交流和技术合作的重要任务，对地区经济和社会发展的影响最为显著。我国会展业发展的起源和基础是政府主导型展会，目前在数量和规模上仍占据较大市场份额。然而，随着我国经济发展提质增速，各地会展业竞争日益激烈，一些

---

*　王菁川：中国国际贸易促进委员会北京市分会国际展览部二级调研员。

曾经对地方经济发展起到重要导向作用的知名展会，逐渐出现主题不突出、内容乏善可陈、社会影响力下降等问题。政府主导型展会如何创新发展，遂成为政府、行业和学界广泛关注的问题。

2021 年，北京科博会与中关村论坛深度融合，在保有各自会展品牌的基础上，在主题设计、内容规划、组织运营和宣传推广等多方面尝试创新合作。品牌联合后，北京科博会成效显著，社会影响力大大提高，得到了国家和北京市领导的高度评价，在助力北京国际科技创新中心建设方面，发挥了积极作用，成为知名政府主导型展会发展的典型案例。本文以北京科博会为例，研究品牌联合视角下知名政府主导型展会的发展策略，以期助力新时期知名政府主导型展会的高质量创新发展。

二、知名政府主导型展会所面临的问题

政府主导型展会泛指由各级政府或行业主管部门主办的规模较大、规格较高、影响较广的会展活动。通常由被授权的商协会或其他市场主体具体承办，在运营经费方面给予部分或全部财政资金支持。按照中国会展经济研究会的统计数据，2021 年，全国共举办线下经贸展览 5495 场，展览总面积达 9183.57 万平方米，较 2020 年净增 87 场和 1456.96 万平方米，增幅分别为 1.59% 和 18.86%。另据商务部服务贸易和商贸服务业司发布的《党政机关境内举办展会审批结果公开》来看，2020 年经全国清理和规范庆典研讨会论坛活动工作领导小组批准，全国共有 57 个由党政机关主办的展会。除此以外，每年还有众多由地方政府或行业主管部门独立主办的各类展会、论坛和活动，均属于政府主导型会展。

本文将知名政府主导型展会定义为办展时间较长（超过 10 年）、具有一定知名度和影响力，由地方政府或行业主管部门主办的会展活动。以北京市为例，截至 2021 年，举办的知名政府主导型展会包括中国北京国际科技产业博览会（简称北京科博会，24 届）、中国北京国际文化创意产业博览会（15 届）、北京国际图书博览会（28 届）、北京科技周（26 届）、北京国际电影节（10 届）、北京国际金融博览会（16 届）、北京国际设计周（12 届）等知名政府主导型展会。历经多年的品牌培育，知名政府主导型

展会在行业内具有一定的吸引力和影响力，在展商组织、宣传推广、观众邀请等方面，通常也拥有自己独特的渠道优势。然而，面对当前城市经济发展需求的变化，以及新兴会展活动的冲击，大多数知名政府主导型展会对于创新发展一筹莫展，不同程度地存在创新乏力、难以突破等问题。

（一）展览内容推陈出新不足

展品和展览内容是展览的核心构成要素。对于知名政府主导型展会而言，品牌的树立和塑造不仅仅是时间的沉淀，更需要文化的积淀、创新的思维策划以及高品质的内容呈现。以中国北京国际科技产业博览会（简称北京科博会）为例，它是经国务院批准，科技部、国家知识产权局、中国贸促会和北京市政府共同主办，由北京市贸促会承办的首个国家高新技术产业国际交流与合作的盛会，是北京市每年举办的重要品牌会展活动之一。北京科博会的举办模式被后来的很多政府主导型展会效仿，历经24年发展，至今仍为北京市开展对外科技合作和技术交流的重要平台之一。

北京科博会应着力服务北京国际科技创新中心建设，它不仅是新产品的展示平台，也是新技术和重点科技项目的交流平台。依靠市场化招展，北京科博会展示主体以企业为主，展品符合消费市场需求，但依然缺乏高精尖科技项目，难以全面展现科技创新发展水平和促进展览内容推陈出新。同时需要加强与城市定位和功能发挥，与社会经济发展以及科技人文精神彰显的同频共振，由此才能顺应时代和社会发展的要求，推动展会实现高质量发展。

（二）观众培养引导强化不够

高水平的展览会不仅应发挥展会的基本功能，更重要的是推动供需双方的双向互动，在培养引导专业观众、提升展会品质和效果等方面发挥积极的作用。从实际情况看，北京科博会大部分观众的观展目的是以参观学习和了解新技术为主，专业观众数量少。这直接影响到参展商参展目的的达成，影响参展商现场推介的积极性，难以实现买家与卖家的匹配。知名政府主导型展会在发现、汇聚、引导专业观众和加强专业观众的培养方面存在较大不足。

（三）品牌传播创新力度尚待加强

品牌对于展会而言极其重要。知名政府主导型展会需要深入挖掘老品牌展会的内涵和底蕴，而不能维持惯性操作，年复一年。以北京科博会为例，总体而言，因其主题符合行业发展趋势，运营模式贴近市场，与政府和行业主管部门合作密切，北京科博会得到了展商和观众的较高评价。从2020年第三方调研机构出具的评估报告看，第二十三届北京科博会综合评价得分84分。然而据调查，官方媒体是参展商获取信息的主要渠道，政府组织参展占比超40%，三次以上参展的参展商占比仅为20.50%，53.62%的参展商为首次参展。可见，市场对北京科博会认知度较低，展商忠诚度较低。北京科博会主要依靠官媒等传统的宣传渠道，缺乏有针对性的媒体计划，宣传范围有限。同时，宣传内容和方式也缺乏新意，难以吸引年轻人和专业人群。当前这些知名政府主导型展会品牌活力下降，对未来发展影响显著。

（四）运营模式创新活力有待增强

面对日新月异的科技发展和社会变革，政府主导型展会也需要紧随形势发展，增强创新活力。然而既有的运营模式加上缺乏创新限制了展会的发展。北京科博会采用现有运营模式已二十余年，容易困在固有思维模式中，在服务参展商和观众方面，难以展现新思路和新办法，缺乏活力和吸引力。

三、北京科博会与中关村论坛的品牌联合

品牌联合显然是展会创新发展的重要途径。它是指两个或更多品牌相互联合，相互借势，使品牌本身的各种资源因素达到有效整合从而创造双赢的营销局面。联合品牌有许多优点。由于各个品牌在不同类的产品中占

有主导地位，联合品牌可以吸引更多的消费者，从而创造更大的品牌价值，并且风险和投资都不大。在会展市场，品牌联合是两个或多个展会共同创办，且品牌名称共同出现在新展会上的会展活动。会展活动是主办单位提供的服务，同样也具有产品的属性，其消费群体不仅包括观众，还包括政府、展商和媒体。通过品牌联合，知名政府主导型展会可以在优化自身的同时，借助被联合方已有的资源，共同推出联合会展活动，使消费群体得以扩大。特别是对于政府主导型展会，可以不必追加更多财政投入而达到更好的效果。

（一）品牌联合的基本条件

北京科博会与中关村论坛这两个政府主导型展会，具有极高的品牌匹配度，品牌联合后，可以实现创新发展的目标。

1. 品牌形象和主题定位

品牌形象和主题定位是会展项目差异化发展和竞争力提升的关键因素。北京科博会是北京市政府按国家规定清理政府主办的会展活动之后保留下来的为数不多的科技类博览会。而中关村论坛是近年来北京市政府重点打造的"三平台"活动之一。北京科博会以展览为主，配套举办论坛、推介会等会议活动。中关村论坛以论坛为主，配套举办小规模展览。两大品牌都是科技部和北京市政府主办的科技类会展活动，以展现国家科技创新水平为主题定位，均安排有不同规模的财政经费支持，具备品牌联合的基本条件。

2. 资源渠道

北京科博会由北京市贸促会具体承办，有稳定的招商招展渠道、较丰富的企业资源，市场化程度相对较高。中关村论坛是北京市科委和中关村管委会具体承办，与科研院所和科技园区联系紧密，政策性和专业性强。两大品牌联合后，北京科博会不仅扩大了中关村论坛的规模，还丰富了中关村论坛的内容，使活动全面涵盖技术领域和应用领域，同时也提高了市场化程度；而中关村论坛可以赋予北京科博会最为高精尖的科技展示内容，也可以利用其固有资源，拓展专业观众邀请渠道。两大品牌联合，可以相互补充，实现资源共享。

3. 效益诉求

会展品牌联合的目的是创新发展。通过联合实现资源整合和共享，借以实现效益诉求。政府主导型展会与商业展会不同，相较于实现经济价值，更重视其社会价值和拉动效应的实现。联合品牌发展的效益诉求不同，会导致组织混乱、运营困难、成本增加，因此联合品牌的效益诉求必须一致。北京科博会和中关村论坛同为北京市财政支持的项目，可充分发挥财政资金的撬动作用，服务北京国际科技创新中心建设战略，它们的发展效益诉求高度一致。

基于以上探究，北京科博会和中关村论坛在品牌形象和主题定位、资源渠道、效益诉求等方面已具备较高的匹配度，为实现创新发展提供了条件。

（二）品牌联合实现创新发展

2021 年 9 月，北京科博会与中关村论坛品牌联合，举办了中关村论坛展览（科博会），升级为国家级科技会展活动，受到各界的广泛关注。

1. 内容价值提升

品牌联合后，会展活动内容价值提升的空间被进一步拓展。北京科博会与中关村论坛品牌联合，实现了主题统一。展览内容聚焦北京国际科技创新中心建设，集中呈现"三城一区"融合发展态势，凸显北京国际科技创新中心的创新力和竞争力。展会分别设置智慧、健康、碳中和专题展区，服务北京市产业升级和城市发展需求。参展商除了高科技企业以外，还有一大批中关村高精尖产业项目和相关科研院所，展示内容既有高科技产品，又有前沿技术，强化了创新科技主体的展示，也实现了全新科技成果、国际领先技术、领先理念的展示，使得北京科博会成为新产品、新技术、新思想、新意识的交流平台，以及展示投资发展环境、推介重点科技项目的展示平台。

2. 呈现效果强化

品牌联合后，中关村论坛的高规格会议论坛与北京科博会展览推介等活动同期同地举办，将重点科技项目以论坛和展览的形式同时呈现，提升了参展参会单位的获得感。同时，对高级别领导和贵宾出席的重大活动进行了整体安排。北京市政府集中邀请中央和主办部委领导，将巡展、开幕式和论坛等在时间和空间上进行合理串联，提升了活动效率和效果，在确保规格的同时避免了以往重复邀请的尴尬局面。

3. 组织运营紧密度提高

品牌联合后，北京科博会和中关村论坛将各自原有的活动进行了整合。北京科博会以展览会为主，不再单独举办论坛。中关村论坛以论坛为主，不再单独举办展览。由北京市政府牵头成立执委会，设置了服务保障、安保防疫、新闻宣传组等职能组，统筹部署各项综合筹备工作。整体运营水平和工作效率得以大幅提升。

4. 专业观众增加

借助中关村论坛的影响力和渠道优势，邀请和组织中关村一区十六园区内的科研机构和企业、参加中关村论坛的专业听众、科创基金等业内人士参观展览，大大增加了北京科博会专业观众的数量和水平。

5. 宣传推广渠道拓宽

品牌联合后，北京科博会与中关村论坛共同制定媒体宣传方案，邀请和组织各类媒体对活动进行宣传报道。特别安排了媒体探馆日，对参展商及其展品进行深度报道，受到参展商的强烈欢迎，同时大大增加了活动的社会认知度和影响力。

通过联合，可以为知名政府主导型展会创新发展提供宝贵经验，更好地提升会展活动内容品质和服务质量，同时破解了资源浪费、效率低下等难题。

四、知名政府主导型展会创新发展的具体策略

基于前述分析，笔者就知名政府主导型展会创新发展提出了如下具体策略：

（一）以城市发展需求作为基本立足点发掘自身价值

品牌联合是知名政府主导型展会的创新，既保持了财政投入多年培育

的会展项目的品牌基因和本质属性，又与时俱进地满足了城市社会经济发展的新需求，是延续更是发展。现在国内各个城市的政府主导型展会林立，即使在同一个城市，也会存在主题相同或近似的多个政府主导型展会并存，不仅活动内容同质化严重，相互之间也会争夺展览场地、参展商、专业观众和媒体等资源。知名政府主导型展会改革中，更多是研究提高自身市场化、专业化和国际化水平，因此依然会陷入同质化竞争和低水平重复的内卷，难以做到"跳出会展论会展"，发挥会展业全局性先导性战略工具的作用，服务经济和社会发展。对知名政府主导型展会来说，品牌联合是利用其他优质展会项目，输入新时代内容价值，盘活展会品牌资产，实现品牌传承。所以，要发掘自身价值，创新符合产业、城市和国家发展需要的主题内容。有些会展项目联合流于形式，资源流动率低，对提升活动效果毫无益处。会展项目不能只是简单组合，要平衡好主题内容和服务对象的关系，不可为了扩大规模盲目合作。比如北京科博会和中关村论坛的品牌联合，主题内容服务北京国际科技创新中心建设需要，融合展现产业和学术界科研成果转化以及金融、政策、环境等因素所构成的生态系统，实现了会展活动服务城市经济发展需要的价值导向。

（二）选择高匹配度的会展品牌进行联合

品牌联合，可以激活和重塑品牌形象，所以知名政府主导型展会需要慎重选择具有高匹配度的会展品牌进行联合。一方面，结合自身定位和需求，选择适合提升内容价值的会展活动联合。活动主题定位和品牌形象要一致或相近，具备共同创新发展的基础。同样的效益诉求，则是品牌联合的前提。相较于商业会展活动对经济效益的强调，政府主导型展会更加重视社会效益，尤其看重会展活动所带来的平台效益，以及对社会经济的拉动作用。另一方面，各自不同的资源渠道，能够形成互补的要素禀赋，丰富会展活动的内容，增加对受众的吸引力。

（三）重视统筹组织运营并发挥各部门比较优势

品牌联合要抛弃单个主办单位的固有观念，重视统筹组织运营，发挥各部门比较优势，紧密配合，提高运营效率，使组织工作取得事半功倍的效果。相较于一般会展活动，政府主导型展会规格高、规模大，往往涉及更多更细致的工作。既有面对场馆、搭建商、赞助商等的市场化工作，也有面对参展商、观众和媒体等的服务性工作，还有大量保障性工作需要对接各级政府。品牌联合后，通过共建执委会的组织模式，可使各项筹备工作明确分工，责任到位。

（四）重视专业观众以及加强多渠道传播推广

专业观众的数量和水平一直以来都是评价会展活动举办效果的重要指标。北京科博会观众大多关注科技产品，而中关村论坛受众关注高精尖技术和产业项目。可以抓住双方受众的关注对象，以高技术应用和院市合作项目为特点寻找专业观众群体，通过邀请科创园区、科技企业、科研院所、科创基金和金融机构等专业领域人群，将目标群体引导至展会。同时，由宣传部门牵头成立专班，在活动筹备的不同阶段，通过传统媒体和视频网站等新兴媒体向社会进行广泛宣传和推广，扩大活动的声势和影响力。

五、结语

本文借助案例分析，研究品牌联合视角下知名政府主导型展会的发展策略，提出选择高匹配度的会展品牌进行联合，以城市经济发展需求为导向提升内容价值，统筹组织运营，注重多渠道宣传推广，进而实现知名政府主导型展会的创新发展。随着城市经济和会展产业的不断发展，知名政府主导型展会必将迎来更多机遇和挑战，需要不断创新，提升服务实体经济的能力和水平，以满足城市创新发展的需要。

Research on the Development Strategy of Well-known Government-led Convention and Exhibitions from the Perspective of Brand Alliance —Take Beijing International High-tech Expo as An Example

Wang Jingchuan

Abstract: In the long-term development process of well-known government-led convention and exhibitions, they may face many problems in exhibition content, professional audience quality, brand communication innovation, operation mode, etc. Through brand alliance, Beijing International High-tech Expo has achieved remarkable results and greatly improved its social influence, becoming a typical case of well-known government-led convention and exhibitions exploring new development paths. According to the city's resource endowment conditions and economic development planning, it is necessary to select suitable convention and exhibition brands to unite, organize and operate jointly, pay attention to professional audiences, strengthen multi-channel communication and promotion, achieve complementary advantages, meet new market demands, and expand the industry influence of the well-known government-led convention and exhibitions.

Keywords: Brand Alliance; Government-led Convention and Exhibition; Innovative Development

北京会展业人才培养的状况和模式创新分析

卢晨妍[*]

摘　要：本文根据2021年北京高校会展相关专业发展状况以及首都会展集团、中旅国际会议展览有限公司、励展博览集团会展人员培训情况，对北京会展业人才培养状况进行了分析，同时根据北京会展行业发展情况总结，会展业对人才素质的要求：专业的知识储备能力、国际化的意识与沟通能力、独特的创新策划能力、与时俱进的数字化能力。当前北京会展业人才培养存在培养目标同质化、培养模式缺乏创新、会展人才供给与企业需求不匹配等问题。为此，本文进一步提出建立产学研合作的会展人才培养新模式、加强会展人才的层次化培养、注重适应智慧会展与数字会展的新技能三点建议。

关键词：会展业　人才培养　北京

2021年，面对纷繁复杂的国内外形势和各种风险与挑战，我国经济增速达8.1%，对世界经济增长的贡献率约为25%，实现了"十四五"规划的良好开局。会展业具有较强的社会经济效益，集商务活动、信息交流、观光游览、文化娱乐于一体，在拉动国内外消费、推动国际交流、提升城市综合能力上具有重要的作用。我国会展业在全国经济向好的背景下，立足新发展阶段、贯彻新发展理念、构建新发展格局，经济发展的韧性与活力不断增强。以展览为例，2021年全国线下展览总数为5497场，展览总

---

[*]　卢晨妍：就职于交通运输部机关服务局。

面积为 9188.57 万平方米，平均每个展览举办面积为 1.67 万平方米，较 2020 年展览总数增加了 89 场、展览总面积增加了 1461.96 万平方米。为应对新冠肺炎疫情带来的全球性变化，2021 年线下展览向数字化展览转化加速，全国举办线上展会 714 场，较 2020 年净增 86 场，增幅为 13.69%。其中，与线下展会同期举办的有 623 场，占线上展会总数的 87.25%。[①]

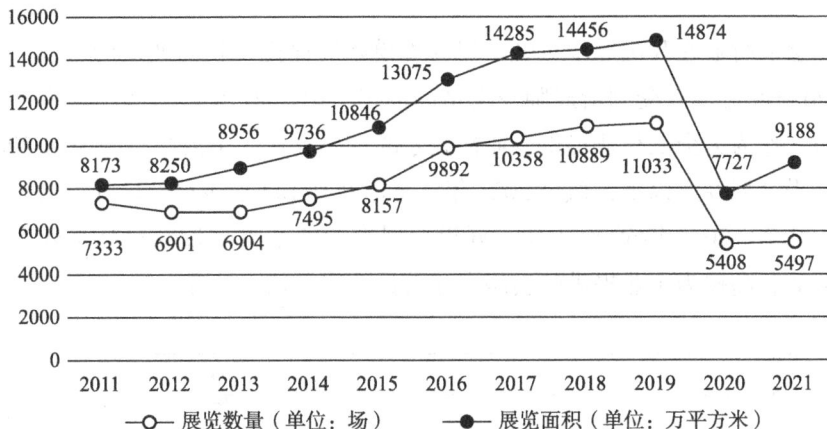

图 1　2011—2021 年全国展览数量、展览面积发展情况

数据来源：中国会展经济研究会：《2021 年度中国展览数据统计报告》。

"十四五"时期是我国全面建成小康社会，实现第一个百年奋斗目标后乘势而上开启全面建设社会主义现代化国家新征程，向第二个百年奋斗目标进军的第一个五年，也是北京建设国际消费中心城市、国际一流和谐宜居之都的关键时期。作为首都，2021 年，北京接待会议 14.5 万个，较 2020 年增长 24.4%；接待展览 290 个，较 2020 年增长 16.0%；会展收入 194.9 亿元，较 2020 年增长 26.7%。[②] 其中不乏中国国际服务贸易交易会、中关村论坛、金融街论坛、中国—中东欧国家首都市长论坛、可持续发展论坛等一系列具有较强影响力的会展论坛。面对国际会展之都的建设以及会展产业的快速发展，北京对会展相关人才的需求巨大，也对会展人才的

①　中国会展经济研究会：《2021 年度中国展览数据统计报告》。
②　北京市统计局：《2022 年北京市统计局、国家统计局北京调查总队年度统计资料发布计划》第三产业，http://tjj.beijing.gov.cn/tjsj_31433/tjbmfbjh/ndtjzl_31437/2022ndtjzl/202112/t20211231_2580225.html。

培养提出了较高的要求，专业性、国际化以及较强的沟通、创新、决策能力和数字化技能等成为企业对会展人才的最新要求。

一、北京会展业人才培养状况

（一）高校会展专业人才培养状况

会展行业在我国起步较晚，但其规模始终保持了较高速度的增长。虽然 2020 年会展业受到新冠肺炎疫情的冲击，但 2021 年起已经出现恢复的趋势。作为为会展行业提供专业性人才的重要阵地，国内高等院校自 2002 年开设会展专业以来，截至 2021 年，全国共有 134 所本科院校开设会展专业 138 个。2016 年至 2021 年，开设会展专业的本科院校数量基本处于上升趋势，高校为企业提供的会展人才数量及质量稳步提升。

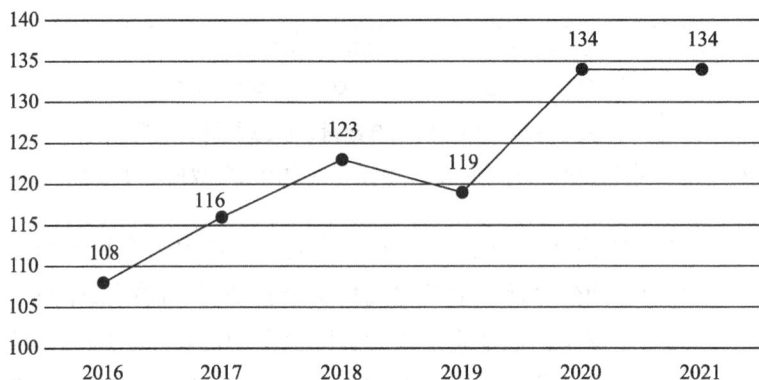

图 2　2016—2021 年全国本科会展专业学校数量变化

数据来源：中国会展经济研究会：《2021 年度中国展览数据统计报告》。

北京设有会展专业的高校较少。本文将以北京第二外国语学院、北京联合大学、北京石油化工学院、首都师范大学科德学院四所高校为例，重点介绍目前北京会展业人才的培养状况。

北京第二外国语学院于 2002 年设立会展方向，2003 年开设会展管理专业，2007 年起招收该方向硕士研究生。该校注重培养系统掌握会展经济与管理的基本理论、基础知识和专业技能，具备良好的会展策划能力、会展营销能力、会展组织与管理能力，具有从事会展策划与公关等会展运营与管理工作所需的知识结构、能力结构和素质结构的高级应用人才。北京第二外国语学院会展专业与励展博览集团、首都会展集团、国家会议中心等单位合作，为学生提供实习机会和会展企业资源。同时依托本校的外语特色和国际化环境，会展业人才培养采用"会展+外语双复合"模式，与国外多所院校建立了长期战略合作，搭配丰富的国际合作项目和国际交流项目。

北京联合大学会展经济与管理专业的主要课程以会展管理学、会展市场营销、会展项目策划与管理、节庆活动策划与管理等管理类课程为主，聘请业界专家作为学生的业界导师，教师也前往企业开展合作研究。该专业对学生的实习设计包括认知实习、企业实习、综合实习、毕业实习等，同时该专业设立了与国外学校联合开展的本硕连读项目，人才培养具有鲜明的国际化特色。

北京石油化工学院会展专业于2021年申办，在北京高校会展相关专业中起步较晚，但北京石油化工学院会展专业在教学中构建了多学科交叉且具有"复合性+技术性+实践性"特点的专业课程体系，与其他高校建立较久的会展专业相比，增加了如"媒体大数据挖掘与分析""智能媒体传播实务"等偏向数字化的课程。并且该专业与多家首都会展业头部机构建立了实习合作关系，为学生提供了一定的实习就业机会。

首都师范大学科德学院会展经济与管理专业又分为会展经营管理方向和会展策划运营方向，培养能在企事业单位的相关部门从事会展营销、会展招展、会展项目开发与管理、会议组织与管理、展位设计等岗位以及教学、科研工作的会展策划管理方面的高级应用型专门人才。

综上所述，北京各高校会展相关专业的培养目标与特色具有如下特点：一是大多北京高校旨在培养高素质的会展应用型人才，注重理论与实践的结合，除开设会展相关理论课程外，各高校均以学校自身特色为依托，为学生提供了可供学习实践的实习场所。如北京第二外国语学院、北京联合大学的会展相关专业为学生提供了国际化的学习环境，进而提高了学生国际思维水平与国际交流能力。二是北京高校会展业人才培养较为充分地利用了首都资源，围绕首都文化中心、国际交流中心的特点，积极对接大型会展集团、会议中心等，为会展业人才培养提供了充分的实践环境。三是北京高校虽然能够为学生提供充分且较有针对性的学习环境，但是会展业人才培养规模依然不适应首都社会经济发展需要，培养模式亟须进一步创新。

（二）企业会展人才培养状况

从事会展行业的主体主要包括政府机构、社团、国有企业、民营企业和外资企业等。《2021年中国展览数据统计报告》显示，2021年全国展览规模前100名的展览项目中，由社团举办的展览数量最多、总面积最大，展览数量为35场，展览总面积为650.1万平方米，分别比2020年增长94.44%和157.06%。民营企业举办的展览总数为17场，总面积为300.5万平方米，分别比2020年下降了43.33%和36.44%。新冠肺炎疫情对民营会展企业造成的影响非常大，而由各行各业社团举办的不同种类会展则成为2021年我国举办会展的重要主体。但是，社团中具有专业会展技能的人才仍旧较少。

表1 2021年全国展览规模前100名举办主体分类情况

序号	举办主体	数量（场）	同比增幅（%）	展览面积（万平方米）	同比增幅（%）
1	社团	35	94.44	650.1	157.06
2	外资	34	25.93	593.75	25.12
3	国资	21	40.00	413.9	45.49
4	政府机构	16	7.14	300.5	35.12
5	民营	17	-43.33	272.4	-36.44

数据来源：中国会展经济研究会：《2021年中国展览数据统计报告》。

北京作为我国首都，在发展会展经济方面具有得天独厚的优势。但与广州、上海等城市相比，北京缺少会展龙头企业，相关专业人才也较为稀缺，这一定程度上制约了北京会展业的现有水平和未来发展。目前北京会展企业中，举办会展行业培训的企业主要有首都会展集团、中旅国际会议展览有限公司、励展博览集团等。

首都会展集团是北京一家大型会展企业，其前身为北辰会展集团，负责承办亚太经济合作组织（APEC）峰会、二十国集团（G20）杭州峰会、

"一带一路"国际合作高峰论坛、中国国际服务贸易交易会（以下简称服贸会）等一系列重大活动的服务保障任务。面对北京打造国际会展之都的目标，首都会展集团大量引进全国各地高学历、高素质人才，开展了"飞鹰计划"和"雄鹰计划"，开展了一系列的培训课程。同时首都会展集团与北京市对外贸易学校开展北京市特高实训基地项目工程师学院，建设全国唯一一个会展专业工程师学院，通过首都会展集团具有代表性的完整真实会展项目，整合工作链与学习链，分三阶段开展理实一体化教学，实现专业人才培养目标。

中旅国际会议展览有限公司于2021年开展了中旅会展企业新型学徒制会展设计师中级培训班，以人社局"企业新型学徒制"政策为依据，联合东城区人力社保局和北京电子信息技师学院，围绕"数字化"开展线上+线下课程培训。

励展博览集团坐落于北京朝阳。2021年3月，该集团在首席技术官（CTO）下新增设"首席数字化产品官"职务，负责励展集团的数字化产品战略与执行，项目运维主要依托原有比较成熟的数字化运营体系和团队，并推出了自助化在线服务系统，在线提供自助查询和各类功能的指引教程，界面更贴近手机和社交媒体使用习惯，方便客户更加快捷地学习使用平台。在深度服务方面，励展博览集团国际销售部为展商提供了完整的培训服务，对于一些有特殊需要的客户，还专门配备海外项目团队，直接在线解决客户问题。

从以上三个北京会展企业展开的培训来看，目前北京会展龙头企业拥有较为完善的人才培训措施，能够为学校或其他会展企业提供一定的学习参考，培训方式以校企合作为主，充分运用科技手段，呈现出较好的培训效果。坐落于北京的外商独资会展集团相较于北京本土会展企业拥有更为成熟的数字化运行模式，能够通过线上形式为客户提供数字化培训服务。但北京会展龙头企业整体看依然偏少，对会展人才的培训难以满足北京会展企业的需求。

二、北京会展业对人才素质的要求

根据《北京市"十四五"时期会展业发展规划》，"十四五"时期，中国将由会展大国向会展强国迈进。北京市会展业将进入深度融合、提质升级的关键期。① 会展业要不断贯彻落实五大发展理念，要立足首都功能定位，提升服务政治中心功能、国际交往功能、文化中心功能和科技创新功能，要强化品牌展会的影响力。2021 年，北京会展从业人员为 24358 人，是 2020 年的 96.9%，人数相较 2021 年北京举办的会议、展会数量来说较少，因此更加需要具备高素质的会展业人才。从 2021 年北京会展业的发展来看，会展人才需要具备以下几点重要素质：

（一）专业的知识储备水平

《北京市"十四五"时期会展业发展规划》要求，在产业融合上，充分发挥会展业的整合平台作用，推进会展业与战略性新兴产业、未来产业、服务业等重点产业领域融合发展，推动产业优化升级，积极构建会议展览、奖励旅游、节庆论坛、体育赛事及文化交流活动等多业态融合的"大会展"市场格局。② 这也就要求：一方面，会展人才要具备扎实的知识储备，深刻理解会展的价值本质，加强调研，快速了解和发现行业发展的未来趋势，把脉客户需要，更好地帮助客户解决问题，做好策划、营销等工作；另一方面，拓宽专业视野，从专业及学科交叉视角加强对复合型、高素质会展人才培养，以适应产业融合以及会展新业态新模式不断创新对会展人才素质和能力的要求。

（二）国际化的意识与沟通能力

作为政治中心与国际交流中心，北京可承接大量国际化展会，在举办政府型展会及大型高端会议上具有优势。《2021 全球会议目的地竞争力指数报告》显示，2021 年北京在中国会议目的地竞争力指数中排名第四，次于香港、台北及上海。2021 年，北京成功举办了中国国际服务贸易交易会、中关村论坛等一系列国际性展会，对会展人才的国际化需求较高。以2021 年中国国际服务贸易交易会为例，该展会吸引了来自 153 个国家和地区的 1.2 万余家企业线上线下参展参会。从事会展行业的工作者需要具有

---

①② 参见《北京市"十四五"时期会展业发展规划》。

放眼全球的胸怀和视野，在研究产业布局时，能够从全球范围去研究，也敢于走出国门，到国外做推广活动，寻找合作伙伴甚至办展。

（三）追求创新求变的能力

"常办常新"是会展业持续发展的关键，尤其在疫情影响下，为进一步增强会展业的抗风险能力，会展专业人才必须充分了解国家政策并具备较强的创新策划能力。按照《北京市"十四五"时期会展业发展规划》，会展业将顺应首都未来发展需求，构建均衡发展空间，积极发展"专、精、特、新"的特色会展。同时将支持会展场馆进行智能化、信息化、绿色化、生态化改造升级。如 2021 年中国国际服务贸易交易会，展会创新形式明显，通过"一会两馆"的创新布局、常态化举办线上线下活动、建设"双碳"行动的绿色展厅等，表现出打破传统会展业发展的特点。会展人才也要具有快速适应新形势下北京会展业发展所需的创新能力，高水平地满足客户不断变化的需求。

（四）与时俱进的数字化能力

面对疫情的影响，传统的会展行业必然选择进一步的创新与升级。北京作为首都，会展服务的更新更是走在国内前列。北京企业在寻求会展行业的发展中，通过纵向拓展结合互联网、融媒体平台等线上工具实现向数字会展业务的转型。基于此，企业对创新型会展人才的需求大幅增加。据调研，2021 年会展企业在会展营销、展馆展台设计、现场管理、招商招展、客户关系管理、虚拟展会等方面大量使用信息化及智能化技术，对掌握信息化及智能化手段和工具的专业人才的需求持续增长。而新媒体的即时性、便捷性、海量性也令会展企业希望招聘新媒体运营人才，运用视频和线上互动程序等众多媒体手段对会展活动进行生动的宣传。此外，随着数字化平台的运用与大数据的普及，会展营销需要通过信息化管理系统和大数据技术分析帮助会展企业最大限度地利用以客户为中心的资源，将这些资源应用于已有客户和潜在客户之上，这就要求会展业人才需要具备较强的信息收集能力及数字化营销能力。

三、北京会展业人才培养存在的问题

（一）培养目标应更加多元

北京会展人才高等教育方面，各个高校根据自身的教育资源，对会展教育的定位各不相同。如北京第二外国语学院、北京联合大学将会展专业设置在旅游学院，首都师范大学科德学院将会展专业设置在艺术设计学院，北京农学院会展经济与管理专业划归于文法与城乡发展学院，北京石油化工大学则将会展专业划归于人文社科学院。虽然学院划分不同，但大多高校对会展业人才的培养目标基本一致为高级应用型人才，培养目标不仅在高校间趋于同质化，与高职院校的"技能型人才"也有一定程度的类似。在这一前提下，高校会展专业虽然配备了理论上的相关教育课程，但会展业人才的理论研究能力、创新能力仍有所欠缺。同时北京高校会展业人才的培养主要以本科为主，大量有升学需求的会展业本科生在深造时选择了其他专业，因此造成会展业的从业者大多是半路出家，会展理论研究与专业性会展人才较为缺乏。此外，人才培养要加强价值观、从业道德品质和精神等方面的教育，使人才培养目标更加多元化，使培养的人才不仅具有扎实的专业基础和能力，同时能够面对难题，具备从事会展行业的自信和信念。

（二）培养模式创新有待加强

会展行业实践性强，但同样需要深入研究行业发展规律，加强学科建设和理论研究，全面提升人才培养的水平。北京作为全国文化中心，在教育资源以及相关企业资源等方面具有明显的优势。然而从目前状况看，人才培养模式创新不足，不仅在会展师资方面缺乏数量众多的理论和实践相结合的高水平专业教师队伍，影响了人才培养模式创新所需的师资基础，而且在与行业实际需求密切接轨方面也存在差距，专业人才培养定位需要进一步明晰优化，强化特色，在创新产学研一体化培养，加强会展企业对人才培养的指导反馈以及参与其中，促进人才培养的国际合作，推动技能型人才以及战略型人才培养方面探索不足，难以满足北京会展业快速发展的要求。

（三）培养效果需要进一步提升

北京建设国际会展之都不仅需要大量的会展人才，而且需要强化人才培养的效果。一方面要大力提升会展专业人才培养质量，为北京会展业的发展提供强有力的人才保障，另一方面有赖于高校、企业等相关组织机构加强协同合作，持续加强会展人才培养的社会效果，使会展作为生活方式、消费方式融入消费者生活中，从而使会展人才培养具有更好的社会和群众基础。

四、北京会展业人才培养模式创新建议

（一）加强会展人才的层次化培养

会展人才的培养要有层次区分，建议进一步细化北京会展行业的培养目标，在教学与实践中实现人才层次与性质的区分。如会展企业可依托自身资源培养高管理决策型人才，同时在实践中培养具有行业基础的理论研究型人才。会展企业往往拥有较多的合作企业，从事会展工作的员工有更多的机会通过实践交流提升自己的工作技能，企业要针对这一点为员工提供更多的在职培训和企业间的交流机会，挖掘员工的潜能。高校应对理论研究型人才和项目管理应用型人才制定不同的培养模式，充分挖掘学生的特点，探索符合行业需求及学生特点的实践课程，如组织学生参加学术会议、开展调研、与相关行业协会合作等方式提升学生的学术水平，为学生提供在会展企业长期实习的机会，鼓励学生参与校园或社会大型活动的举办，增加学生实践经验，为会展行业发展提供人力和智力的双重支持与保障。

（二）强化产学研合作会展人才培养新模式

会展企业项目体现的是北京会展市场最直接的需求，最真实地反映出市场对会展人才需求的变化。北京高校对会展业人才的培养目标主要是高素质的应用型人才。因此加强校企合作，建立产学研合作的双向实践教育模式不仅能实现北京高校会展人才培养的持续性和适应性，也能够助力企业实现项目的创新与拓展。目前，北京高校与会展企业间已存在一定的合

作机制，但合作程度并不深入，可以从学生导向、教师导向、持续创新导向三方面进一步拓展双方的合作模式。从学生导向看，产学研合作的目的是培养适合市场需求的会展人才，企业为合作院校提供短期培训并让学生参与阶段性的企业项目，既可进一步增强学生的实践能力，同时也解决了会展企业在项目策划、营销等阶段的人才短缺问题。学校在为学生安排会议策划与组织、会展信息管理等偏向于实践的课程时可以同时聘请校外导师进行实操指导并提供相应实习机会。从教师导向看，产学研合作可开启"双导师"的设置，高校具有较高研究能力的教师可为会展企业开展理论培训，或由具有专业技能的教师在企业中开展培训，进一步强化企业高层次决策型人才与理论型人才的能力。同时高校教师可到企业挂职，以充分了解产业发展动向，掌握最新的专业实践技能。从持续创新导向看，产学研合作实现了各方资源的深入整合，企业能够增加业务渠道，借助高校和政府资源拓展其国际交流与合作业务，获得类似于定向培养的专业人才，高校也能最直接地与市场需求对接，不断完善自身在会展行业的培养目标。

（三）培养适应数字时代会展产业发展的新技能

智慧会展与数字会展已经成为北京会展行业发展的必然趋势。会展行业人才供给应对接会展行业新需求，不断提高其通过互联网、大数据、数字平台、虚拟现实等数字化信息处理新技术、新问题的能力。对于企业来讲，需要开设专门用于培养会展人才数字化能力的课程，聘请智慧会展与数字会展领域的专家为会展从业人员进行相关技能培训，充分利用北京大量的行业协会及国际会议举办地等资源，或与相关高校、政府开展产学研合作模式，在加强企业自身对智慧会展的创新研究的同时完成科技型会展人才的培养。对于高校来讲，北京作为科技创新中心，科技水平相当发达，数字化展会举办次数非常多，因此在实践上，高校应充分发挥与政府、企业之间的联系，借助中国国际服务贸易交易会、中关村论坛、全球数字经济大会、中国科幻大会等一系列会展活动，增加高校会展专业学生对数字会展的了解，提高其实践水平；在理论学习上，可通过线上学习平台或聘请校外导师等方式进一步拓展学习资源，为学生提供更为优质的会展教学。

Analysis on the Status and Mode Innovation of Talent Training in Beijing's Convention and Exhibition Industry

Lu Chenyan

Abstract: Based on the development of convention and exhibition majors in Beijing's colleges and universities in 2021, the training of convention and exhibition personnel of Beijing Capital Group Exhibitions & Events, CTG MICE Service Company Limited, Reed Exhibitions Group, this paper analyzes the talent training of Beijing's convention and exhibition industry, and summarizes the requirements for talent quality according to the development of Beijing's convention and exhibition industry: professional knowledge reserve level, international awareness and communication ability, unique innovation planning ability, digital capabilities that keep pace with the times. There are several problems in the talent training of Beijing's convention and exhibition industry, such as the homogenization of training objectives, the insignificant leading effect of leading exhibition enterprises, and the mismatch between the supply of exhibition talents and the demand of enterprises. In this regard, this paper further puts forward three suggestions: strengthening the hierarchical training of exhibition talents, establishing a new mode of exhibition talents training for industry university research cooperation, and cultivating new skills for smart and digital convention and exhibition.

Keywords: Convention and Exhibition Industry; Talent Cultivation; Beijing

第六部分　典型案例

疫情常态化背景下的会展业发展新思路

国家会议中心由北京北辰实业股份有限公司投资建设，总占地面积 12 公顷，总建筑面积 53 万平方米，总投资 50 亿元。国家会议中心位于鸟巢和水立方之北，曾经是 2008 年北京奥运会和残奥会期间为国际广播中心（IBC）、主新闻中心（MPC）、击剑馆及媒体酒店所在地。

奥运会后，国家会议中心进行了局部改造，逐渐发展成为能够满足大型会议、展览、多种公共活动和酒店客房需要的大型会展中心。大量具有国际影响力的会议、展览项目陆续在国家会议中心成功举办，创造了良好的经济效益和社会效益。

国家会议中心拥有会议和展览面积 27 万平方米，配套项目建筑面积 26 万平方米（包括两家酒店、两栋写字楼），是目前亚洲最大的会议中心。其会议区共有大小会议室百余个，可同时接纳 20000 余人开会。其中大会堂可同时接待 5100 人的会议；厨房设备可以同时供应 10000 余人用餐，大宴会厅可同时举办 2500 人的宴会。其展览区面积有 40000 平方米。①

一、创新思维

（一）加速同心型多元化发展

在疫情防控情况稳定后，国家会议中心对餐饮、物业、租赁等独立的

---

① 国家会议中心网址，https://www.cnccchina.com/index.html.

综合体系服务项目进行了创新，在保障食物出品全流程安全的前提下，推出了酒店蛋糕自提特惠活动，针对场馆外的本地消费者进行售卖，得到了周边消费者的广泛好评。随着场馆内写字楼及周边区域的复工复产，餐饮团队进一步推出早午晚餐预订及营养便当自提活动，实现了餐饮服务同心型多元化发展，开拓了服务不限于场馆内部，对外走出去打造垂直行业服务的概念。在为场馆其他服务的发展先行试水的同时，更为场馆拓展了收益渠道，创新探索实现经营自救。

（二）积极开展场馆服务数字化升级

场馆对会议区、展览区、大酒店、写字楼及非经营区的设施设备错峰进行了全方位的维护升级、检查，并针对重大活动保障任务，加强对大会堂、宴会厅、多功能厅等重要厅室的设备设施的检查和维修。对内服务实现员工人脸识别签到、红外测温，对客服务实施酒店咖啡厅、商务中心升级改造，启动自助寻车、场馆导航服务信息点位铺设。企业成立了场馆信息化专班，同步研究国内外最新场馆服务与经营方式，积极推进智慧化、数字化安全场馆的打造。

（三）跨界合作实施前向一体化战略

大数据、5G及新媒体将为会展业高质量发展注入新动能，数字化成为会展业未来发展的必然趋势。疫情期间国家会议中心主动出击，创新思维，面对线下空间迅速缩减的困境，大胆开拓跨界领域合作，充分借鉴线上业务发展模式高度整合植入会展业，将线下会展活动与线上营销活动结合，实施前向一体化战略，与会展营销输出端强强联合，合力打造全新的双线会展产品。国家会议中心已与国内顶尖互联网综合服务供应商基本达成共建双线会展平台的合作意向，双方合作项目正在积极筹备推进。[①]

---

① 《看疫情下国家会议中心如何创新服务模式》，https://www.sohu.com/a/406045788_120595532.

二、主要做法

（一）加速智慧场馆建设

推进场馆管理、运营、经营的数字化，增加会展业的技术含量和跨界能力，化危为机，促进产业迭代发展，让会展产业链上的各个主体从技术含量、知识含量、情感含量、交易能量、服务力量等方面都有所提升。目前，北京市商务局已推动成立了"北京线上展会发展联盟"，为疫情期间展会项目线上办展提供免费技术服务，国家会议中心就是此联盟的场馆单位之一。疫情期间，国家会议中心微信公众号页面新增微网站，为客户提供在线看场地、预订酒店、智能化停车等服务。

（二）盘活场馆资源空间

对于场馆方而言，下半年场馆档期比较紧张，场馆需要在盘活场馆空间资源的同时平衡各类项目，满足各活动主办方的需求。在保障大展的品牌持续性的同时，减少展览面积、压缩档期、缩短搭建期间，为活动的举办争取更多的时间。将同类型、同题材的展览项目进行合并，既能保障项目顺利举行，对于主办方而言也更经济，更绿色，能降低主办方预算。

（三）延伸会展服务以增加营收

新形势下，国家会议中心为场馆赋能升级，尝试运营新模式，进行展会服务模式的创新。为缓解疫情后的场地压力，国家会议中心在展览区1~4号馆，每隔6米用油漆在地面进行"网格定点"。这一永久性搭建定点，不仅提高了今后展会的进场效率，节省了主场搭建商近一天的时间成本、人工成本和资金成本，还使下半年"背靠背"式突增的展览活动，布撤展衔接更加高效有序。国家会议中心坚定落实2020年"精益管理"发展策略，通过优化现场服务方案、提高管理效率等方式，使办会成本更加经济，搭建运营更加绿色，从而综合提升客户体验。

（四）健全人才机制提升人员素质

疫情防控期间做到企业人才不流失，持续市场化引进专业人才，企业内部继续做好人才的培养、使用，并健全培训与职业发展制度，吸引与培养人才并重，丰富现有人才队伍，让企业更具市场竞争力。

国企引入战略投资，强强联合
共促会展产业升级

首都会展（集团）有限公司的前身是北京北辰实业集团有限责任公司（简称"北辰集团"）旗下的北辰会展集团。北辰集团成立于1990年8月，前身是第十一届亚运会运动员村服务中心，是以房地产开发、会展及配套物业经营为主营业务的市属大型国有独资公司。2015年12月，为做大做强会展产业，北辰集团整合相关资源成立了北辰会展集团。2021年8月，北辰会展集团引入首旅集团、首钢建投、京东科技和法国智奥会展集团4家战略投资者，并正式更名为首都会展集团。

经过多年发展，首都会展集团已形成会展活动主办承办、大型会展场馆运营管理、高端政务商务会议服务保障、会展行业研究咨询四大业务板块，逐步发展成为全国具有影响力的会展品牌企业。①

一、发展历程

（一）北辰会展集团

北辰集团的会展业务起步于1990年，作为北京市会展产业化经营模式的开创者之一，该集团拥有近30年会展专业化运营的经验，成功接待了一万余个会议，一千余个展览。在北京召开的国际性的有影响的超大型会议，大约有三分之二以上落户北辰会展。

---

① 首都会展集团，https://www.shouhuigroup.com/portal/page/index?id=2&menu_ id=4.

从亚运会到奥运会，从国际重要会议到全国两会，北辰会展经历了众多高规格、高层次且具有较大影响力的大会的考验，接待了众多的国内外政要，成为会展行业服务标准的开拓者和优质服务的践行者。根据会展业公认的1∶9的拉动效应，北辰会展已成功带动了周边区域的经济发展和繁荣，为首都经济发展做出了贡献。

（二）首都会展集团

2021年8月，根据北京市委市政府相关工作部署，为探索北京市属国企市场化改革和做强做优中国国际服务贸易交易会品牌，加大首都会展全产业链布局，打造首都经济发展新增长点的布局，在北京市国资委和北京市商务局支持下，首都会展集团正式成立。

首都会展集团的专业化重组，是进一步落实国有资本投资运营公司试点改革、分层分类混合所有制改革、健全市场化经营机制的重要战略进展。通过有效整合北京市国资委系统内会展产业资源，有利于加快建立健全市场化运营机制，推动传统会展产业转型升级，培育首都会展产业龙头企业，树立国资国企改革发展新标杆。引入战略投资者后，企业也将进一步改善治理体系、整合资源优势，实现会展的全产业链生态战略布局。

二、集团优势

（一）国内最大的专业化会展经营圈

作为国内运营会展场馆数量最多、整体规模最大、承办会议档次最高的会展运营企业，首都会展集团在北京北部亚奥核心区域拥有总建筑面积达139万平方米的会展及配套服务资源，包括2家会议中心，建筑面积总计32.64万平方米；5座五星级酒店，可提供2000多间（套）客房；13栋公寓，可提供1500余间（套）公寓客房；还拥有5座高档写字楼以及经营面积12余万平方米的配套商业。此外，在全国范围内自持及受托管理会展场馆24个，其中8家是国际会议组织ICCA会员，4家是全球展览业协会（UFI）会员。场馆管理总面积606万平方米，会展团队5000多人，顾问咨询项目55个。

（二）四大集团加盟，注入发展新动力

首都会展集团引入战略投资者的意义在于：引入京东集团在"云服务"数字技术领域的成熟经验，推动北京会展业线上线下融合和行业的创新转型升级；引入智奥会展国际化展会资源及策划运营高端人才资源，进一步推动首都会展国际化发展；引入首旅集团在住宿、餐饮、出行、文娱、商贸服务等领域的资源，完善首都会展集团服贸会运营保障功能；引入首钢集团进一步丰富扩大服贸会空间布局，打造"新首钢高端产业综合服务区"，引导促进京西地区经济升级发展。四大集团的加盟为首都会展集团全产业链发展注入了强大动力。[①]

三、主要做法

（一）积极参与重大国务政务活动服务保障

首都会展集团充分发挥"北京服务"品牌优势，圆满完成了2022年北京冬奥会及冬残奥会的各项服务保障工作，梳理总结服务保障中国特色大国外交活动的经验，牵头制定行业标准，为今后的重大活动服务保障和行业发展提供了借鉴经验。

（二）助力推进首都"三平台"建设

首都会展集团充分总结2021年中国国际服务贸易交易会承办经验，全力做好2022年服贸会市场化运作以及服贸会、中关村论坛、金融街论坛首都"三平台"的服务保障工作，为首都"三平台"建设持续提速。

（三）始终致力于推动行业发展

首都会展集团积极承接中国科幻大会、中国（北京）国际视听大会等品牌政府展项目，发挥首都会展平台企业资源整合优势，通过培育、收并购、合作等多种方式打造自主IP项目，打造会展全产业链，加强与国际会

[①] 首都会展集团，https://www.shouhuigroup.com/portal/page/index?id=1&menu_ id=3.

展组织的沟通对接，引进国际知名品牌展会，积极吸引国外会展产业资源要素集聚。①

四、核心展会项目——中国国际服务贸易交易会

2022 年 8 月 31 日至 9 月 5 日，由商务部和北京市人民政府共同主办、首都会展集团承办，以"服务合作创发展，绿色创新迎未来"为主题的2022 年中国国际服务贸易交易会（简称"服贸会"）在北京国家会议中心、国家会议中心二期和首钢园区举办。

服贸会是由中华人民共和国商务部和北京市人民政府共同主办的国家级国际性综合型展会，顺应全球服务贸易快速发展趋势，成为国际服务贸易领域传播理念、衔接供需、共享商机、共促发展的重要展会。

国家会议中心作为本次服贸会综合展展区，展区整体展览面积达 2.1万平方米，优选服务贸易领域来自 15 个国家 129 家国际、国内头部企业，围绕"服务合作促发展 绿色创新迎未来"主题，聚焦服务贸易热点趋势，重点展示全球服务贸易领域领军企业和机构的新技术、新应用、新服务。

国家会议中心二期今年首次作为服贸会场馆使用，这也是它在冬奥会后的全球首秀，整体展区面积 2.6 万平方米，其中 1、2 号馆是每年服贸会的亮点之一——省区市及港澳台专区。另外，本届服贸会首次设置了环境服务专题，展区位于国家会议中心二期一层和地下一层，这次环境服务专题线下参展企业 110 家，线上参展企业 240 家，其中全球 500 强和头部企业占 31%。

首钢园区则作为专题展展区，今年展览场馆共 15 个，总展览面积 9.4万平方米。展览类别包括电信、计算机和信息服务，金融服务，文旅服务，教育服务，体育服务，供应链及商务服务，工程咨询与建筑服务，健康卫生服务 8 个专题展，重点突出数字科技新元素，展示元宇宙、新一代互联网等技术和应用，采用元宇宙技术打造成果发布厅，促进元宇宙从概念走向应用。②

---

① 首都会展集团，https://www.shouhuigroup.com/portal/page/index?id＝1&menu_ id＝3.

② 首都会展集团，https://www.shouhuigroup.com/portal/exhibition/detail?id＝10&menu_ id＝10.

发挥会展服务全产业链优势，
建设行业领先集团

中国国际展览中心集团有限公司（简称"中展集团"）隶属于中国国际贸易促进委员会和中国国际商会，是中国展览馆协会成员、全球展览业协会（UFI）成员和国际展览管理协会（IAEM）成员。中国国际展览中心创建于1985年，经过三十多年的发展历程，现已发展成为拥有展馆经营、国内组展、境外出展、展览设计与工程、展览运输、展览信息广告、住宿餐饮等全产业链的集团性展览企业。[①]

一、会展服务全产业链集团架构

中展集团旗下现有9个全资子公司、7个控股公司和7个参股公司，它们各司其职，精准服务，大大提高了公司整体的业务效率。

（一）展馆运营——北京国展国际展览中心有限责任公司

北京国展国际展览中心有限责任公司隶属于中国国际展览中心集团有限公司，是中国国际展览中心朝阳馆和顺义馆的经营单位，统一负责两个馆的销售和运营工作，拥有丰富的场馆经营管理经验。作为展馆经营管理单位，北京国展国际展览中心有限责任公司高度认同服务创造价值的理念，建立起以项目经理为核心的一站式服务体系。展会运营实行三个阶段保障，即展前制定科学合理的方案（预案）、展中严格监管执行、展后及

---

① 中展网，http://www.ciec-expo.com/ciec/ciecexpo/contents/2421/23625.html.

时总结整改，有效实现了各工作节点的服务管理，并充分发挥了专业外包服务的业务优势，以精简的服务团队向主办方、展商、观众提供专业高效的展会服务。中国国际展览中心的两个展馆每年接待包括汽车展、机床展、印刷展、工程机械展、煤机展、冶金展、制冷展、广电展、建博会、玻璃展等在内的100余个大型专业展会。[①]

（二）国内组展——北京华港展览有限公司

北京华港展览有限公司（简称北京华港）成立于1986年，是中展集团的全资子公司，中国国际商会会展委员会会员单位，承担着中展集团自主开发并培育品牌展会的核心任务。

依托中国国际贸易促进委员会在行业内的品牌优势、资源优势及其覆盖全国的700多个地方分支机构和分布于全球主要发达国家或经济体的17个海外代表处的网络优势，北京华港公司的业务网络遍及境内外。辽宁中展国际展览有限公司、北京中展普仁国际展览有限公司、北京中展海华国际展览有限公司、北京中印协华港国际展览有限公司、中展智奥（北京）国际展览有限公司等合资公司的建立，为北京华港公司实现展会项目多样化经营、打造品牌展会与可持续性发展创造了条件。北京华港公司如今兼具中展集团的品牌、影响力、资金和场馆优势以及长达20多年的组展、办展所形成的人力资源优势以及与国内外行业协会长期合作所形成的良好合作关系优势。[②]

（三）海外出展——北京华港展览有限公司

2015年，北京华港展览有限公司与同属中展集团旗下的中展海外展览有限公司进行了机构合并与业务重组，形成了新的北京华港展览有限公司，既承担着原北京华港的国内组展业务，又沿袭了中展海外公司的海外出展业务。国内国际业务相辅相成、取长补短，为北京华港持续稳定发展及创造新辉煌奠定了坚实的基础。

迄今为止，公司共组织近15000家中国企业参加了600多届国际著名

① 中展网，http://www.ciec-expo.com/ciec/ciecexpo/contents/2403/23577.html.

② 中展网，http://www.ciec-expo.com/ciec/ciecexpo/contents/2404/23725.html.

专业展览会，涉及全球消费品、纺织服装、建材五金、机电产品、能源以及 IT 等众多行业，业绩持续在出展界名列前茅，多次荣获中国国际贸易促进委员会表彰，被国内相关机构评为最具影响力的出国展览组织单位。

北京华港顺应行业和企业的发展需求，将展会组织从传统的欧美地区向全球尤其是新兴市场拓展。多年来，公司为数以千计的中国企业提供了全球参展资讯和解决方案，并安排从展位装修、展品物流、展品展示、客户邀请、媒体访谈、技术交流会议、赞助活动、促销品制作到现场人员雇请、商旅安排等一系列活动。

多年来，北京华港与德国、美国、英国、法国、巴西、中东、俄罗斯、韩国以及中国台湾地区的众多国际著名博览会机构建立了密切的合作代理关系，与数十个国际展会建立了官方合作伙伴关系，并成为多家知名展会的中国独家代理和组织者。①

二、主要做法

（一）积极配合国家重大外交外贸活动

近年来，中展集团积极配合国家重大外交外贸活动，参与多项重要国际项目，圆满完成了在南非举办的中非装备制造业展、在巴西举办的中国装备制造业展，以及澜沧江-湄公河国家合作展、中国-拉美产业合作与商品展等重要项目的设计施工任务。

（二）主办承办高质量国内展会

在国内组展方面，中展集团主动承办高质量国内展会，近年来参与主办或承办的北京国际汽车展、北京国际印刷技术展、建材系列展等展会，均在业内形成了广泛的影响力。

（三）为众多国内项目提供海外展会设计

在海外出展方面，中展集团先后承担了北京世园会三大联合展园的设

---

① 中展网，http://www.ciec-expo.com/ciec/ciecexpo/contents/2405/23726.html.

计施工、迪拜世博会中国馆设计施工一体化项目，以及三届进口博览会的部分展品设计施工与展品运输工作，覆盖建材、能源、光电等十多个行业领域。中展集团长期倡导中国会展产业健康有序发展，为行业共同进步贡献了力量。[1]

三、展馆优势

（一）中国国际展览中心（顺义馆）

中国国际展览中心（顺义馆）由中国贸促会立项并投资建造，展馆规模宏大，设施齐备，功能完善。展馆自 2008 年投入使用以来，吸引了众多国内外知名的大中型展会在此举办，推动了北京会展业的快速发展，为我国会展经济与经贸事业的日益繁荣做出了贡献。该展馆位于北京顺义天竺空港城商务区，东邻首都国际机场，西靠温榆河生态走廊，交通便利，风景优美，周边是京密路、五环、六环、机场高速、京承高速组成的公路网，公共交通包括地铁 15 号线、公交车、机场巴士及出租车。顺义馆距朝阳馆仅 30 分钟车程，两馆统筹规划，实施一体化的经营管理，成功举办了多届机床展、汽车展、印刷展、冶金展、玻璃展等知名展会。[2]

（二）中国国际展览中心（朝阳馆）

中国国际展览中心（朝阳馆）是始建于 1985 年的专业化大型展馆，被评为北京 20 世纪 80 年代十大建筑之一。从展馆建成并承办亚太国际经贸博览会开始，便掀开了改革开放后我国现代展览业蓬勃发展的序幕，有力带动和促进了我国展览业的快速发展，尤其对我国的改革开放、国内外经济技术交流、贸易往来及社会主义市场经济体制的日益完善发挥了积极而重大的推动作用。

朝阳馆拥有 8 个展馆，约 60000 平方米室内外展出面积，16000 平方米停车场。经过三十多年的发展，早已成为业内瞩目、广受国内外主办商

---

[1] 中展网，http://www.ciec-expo.com/ciec/ciecexpo/contents/2421/23625.html.

[2] 中展网，http://www.ciec-expo.com/ciec/ciecexpo/channels/2414.html.

欢迎的专业展览场馆。该展馆坐落于北京朝阳区北三环东路繁华的商业中心，各类场馆服务一应俱全，且人气鼎盛，区位优势明显，地铁、公交、出租车往来非常便利。①

---

① 中展网，http://www.ciec-expo.com/ciec/ciecexpo/channels/2413.html.

建设高质量会展项目，提供创新性会展服务

振威会展集团始创于 2000 年，2015 年 11 月 24 日，在新三板挂牌上市，是中国较具规模的民营展览公司之一，全国会展业标准化技术委员会委员单位，中国会展经济研究会副会长单位，也是中国获得全球展览业协会（UFI）认证较多的展览组织机构。振威会展以会展为核心，集展览会议、数据资讯、电子商务、展陈设计四大业务板块于一体，现已发展成为业界领先的全球会展综合服务商。①

北京振威公司成立于 2000 年底，隶属于振威会展集团。北京振威公司旗下的主要展览项目有：中国国际石油石化技术装备展览会（CIPPE）、中国国际石油天然气管道与储运技术装备展览会（CIPE）、中国国际海洋石油天然气展览会（CIOOE）、中国页岩气技术与装备展览会等。其中 CIPPE 已经成为规模较大的国际石油石化行业例会，并且通过了 UFI 认证，是中国内地第二十二个获全球展览业协会（UFI）正式认证的高品质展会。②

一、主要做法

（一）打造高素质、国际化、专业化的人才队伍

北京振威公司始终致力于打造高素质、国际化的专业人才队伍，企业现有员工中，大专及以上学历的占 95%，本科及硕士以上学历的占 60%。

---

① 振威会展集团网站，https://www.zhenweiexpo.com/abzw/index.asp.
② 振威会展集团网站，https://www.zhenweiexpo.com/jgsz/bjzw.asp.

员工整体学历水平较高，且超过 50% 的公司员工能以英文作为工作语言，是一支专业技能强、素质高的资深展览团队。公司拥有通晓工作流程的专业项目人员、资深的专业设计师、熟练的专业技术工人、完善的专业制作工厂、严谨的专业质量管理系统，可为众多企业提供全方位一体化的专业方案。

（二）积极寻求与政府机构的合作

近年来，北京振威公司与国家发改委、中国贸促会、中国国际商会、北京市人民政府、山东省人民政府、海口市人民政府、克拉玛依市人民政府、东营市人民政府、乐陵市人民政府等各级政府部门开展深入合作，联合举办了众多的品牌展会。① 其中，中国国际石油石化技术装备展览会（CIPPE）是中华人民共和国商务部重点支持展会；与中国国际贸易促进委员会、山东省人民政府举办的中国东营石油装备博览会，打造了国际石油装备交易平台；与克拉玛依市政府共同举办的新疆克拉玛依石油装备展，意在向世界推介"世界石油城"的城市名片；与山东省商务厅、乐陵市人民政府共同主办的中国乐陵红枣暨健康食品博览会，也是商务部重点支持的展会。

（三）塑造良好品牌形象

振威会展自创立以来，凭借其丰富的经验、对市场的敏锐触觉以及对客户需要的了解，便以崭新的设计理念和丰富的专业经验跻身于众多具有竞争力的展览行列。振威会展可为来自不同行业的诸多参展企业提供专业的特装展台设计和搭建服务，依靠多年来的不懈努力，赢得了业界和客户的普遍赞誉。

（四）以会展服务为中心，外延扩充，提供多样化创新性服务

一是会展信息市场平台建设服务。振威会展立足于为行业高端客户和专业人员提供信息和市场平台，协助业内人士掌握行业发展动态、学习前

---

① 欢迎进入振威会展集团网站，https://www.zhenweiexpo.com/jgsz/bjzw.asp.

沿技术、探讨实践经验和扩展人际关系。凭借振威集团展览项目的强大资源优势和品牌效应，与各类展览会完美对接，可为客户提供高端、高价值的服务。

二是会展场馆建设运营咨询服务。振威公司以"专业专注，创新服务"为经营理念，充分发挥自身的优势，为会展场馆建设运营提供专业的咨询服务，并努力优化会展场馆的竞争环境，提高会展场馆的服务水平和实际利用率。

二、主要成就

（一）七个展会项目通过 UFI 认证

振威会展现有七个展会通过了 UFI 国际认证：中国国际石油石化技术装备展览会、中国新疆国际煤炭工业博览会、中国新疆国际农业博览会、中国天津国际机床展览会、中国天津国际机械工业装备博览会、中国天津国际工业自动化技术装备展览会、中国新疆国际矿业与装备博览会。

（二）多个展会项目规模大、影响力强

中国国际石油石化技术装备展览会（CIPPE）已成为业内规模较大的国际性石油展，是中国内地第二十二个获全球展览业协会（UFI）正式认证的高品质展会。CIPPE 的展出规模近 100000 平方米，参展的有十八大国家展团以及来自世界 65 个国家和地区的近 2000 家知名参展商，其国际化比例超过 40%，世界 500 强企业 46 家，到场参观的专业观众近 80000 人。

北京国际进口食品博览会是中国颇有影响力的进口食品博览会，展出面积近 20000 平方米，参展商达 32000 人，还有来自十余个国家的近 600 家展商共同参与。

北京国际生活品牌（奢侈品）博览会，共有 300 多个品牌展示，有 758 家中国代理商及经销商，超过 20000 人参观。2015 年为期三天的展会上，意向成交额高达 9.7 亿元。

有效拓展国际视野，打造 ICT
全产业链发展风向标

2021 年 9 月 27 日，为期 3 天的 2021 年中国国际信息通信展览会在北京国家会议中心开幕，展示信息通信领域的新兴技术和应用创新成果。

展会以"创新点亮数字化未来"为主题，国内外约 400 家知名企业参展，展出规模 4 万平方米。同期举行的"ICT 中国·2021 高层论坛"由近 50 场主题论坛和专题论坛构成，话题涵盖 5G、双千兆、数据中心、IPv6、工业互联网、北斗、人工智能、区块链、量子计算、车联网、智慧城市、数据安全、应急通信等热门领域。

一、展会介绍

中国国际信息通信展览会（PT 展）行走于信息通信（ICT）产业的前端，由工业和信息化部主办，是泛 ICT 行业最具行业影响力的盛会之一、5G 发布的主战场。PT 展自 1990 年起，始终致力于打造极具创新活力的 ICT 平台，为 ICT 产业链提供政策解读、技术研发、市场应用和金融投资等全方位的服务和沟通合作机会。因其前沿、领先、前瞻的性质和高效连接、贯通和满足 ICT 产业链各方利益和需求的特点，PT 展也被誉为中国乃至全球"ICT 市场的创新基地和风向标"。①

---

① https://www.ptexpo.com.cn/zhintroduce.html.

二、亮点优势

（一）全景展示中国 ICT 市场发展

本届中国国际信息通信展览会的最大亮点是在组织展会的同时还举办了一系列相关的论坛，包括两个主论坛（ICT 中国·高层论坛暨中国国际信息通信展开幕论坛、数字经济领导者论坛）、十个主题论坛、二十个专题论坛以及其他企业自办的活动。

PT 展以其贯通 ICT 全产业链的优势，汇聚了众多顶级科技企业，与观众一同探索新一代信息通信技术与社会各领域的深度融合，体验未来世界的生活方式。覆盖全产业链的展示专区，让观众纵观行业趋势，把握时代脉搏，结识生意伙伴，走进生机无限、蓬勃发展的中国 ICT 市场。

（二）高层论坛跟踪行业最新进展

"ICT 中国·高层论坛"被誉为"ICT 领域的达沃斯"，由工业和信息化部主办，一贯秉承"国际视野、专业深度、品牌立场、创新精神"，每年都会邀请行业主管部门、业界领袖、专家学者、权威媒体代表等重量级嘉宾出席，在国内外政府及信息通信领域享有盛誉，成为汇聚产业各方精英人士、探讨合作交流的高层平台，是全球 ICT 企业的年度盛会。本届论坛广泛涉猎信息通信领域的前沿热点，并在政策监管、技术发展、融合创新、国际合作等方面做了深入研讨。论坛主题涵盖 5G、云计算、大数据、物联网、SDN/NFV、人工智能、虚拟现实、增强现实等行业前沿领域，以及电子商务、智慧物流、数字医疗、信息安全等行业热门话题。论坛下设多个分论坛及研讨会，供与会者深入探讨行业热点、未来趋势。其中包括"ICT 中国·高层论坛暨中国国际信息通信展开幕论坛""数字经济领导者论坛"这两个主论坛，以"5G 创新发展""网络安全产业论坛"等为主题的十个主题论坛，以"未来城市发展""量子计算"等为主题的二十个专题论坛以及其他企业自办活动。同期还举行了多场发布活动，以推出备受行业关注的研发进展，如最新产品、行业榜单、白皮书等，引领头脑风暴。[①]

[①] https://www.ptexpo.com.cn/ictforum.html.

深入了解市场前沿动向，多角度提供精准高效服务

2021 第三十二届北京国际医疗器械展览会于 2021 年 9 月 27 日至 29 日在中国国际展览中心（朝阳馆）举办，展会内容涵盖了医用电子医学影像设备、光学、急救、康复护理、医疗用品及卫生材料、检验设备及诊断试剂以及医疗信息技术等产品，直接并全面服务于医疗器械行业从源头到终端的整条医疗产业链，来自 20 多个国家、超过 30000 余人次的医院买家和经销商、代理商汇聚展会现场进行了交易和交流。

一、展会介绍

国际医疗器械展览会（简称 CMEH）由北京医学会（中华医学会北京分会）始创于 2002 年，旨在整合资源，为国内外医疗器械厂商提供一个既能做出口也能做国内贸易的展会，同期还会邀请政府部门、医院、教授、专家、学者、厂商举办多场新产品技术、进出口贸易采购、法律法规交流研讨会。CMEH 已在上海、北京、深圳等多个城市成功举办了三十余届。展览规模逐年扩大，参展厂商不断增加，吸引了数万名海内外医疗器械行业的经销商、代理商、研究机构、政府部门、医院采购和管理部门等专业人士前来参观。

二、亮点优势

（一）深入了解市场前沿动向

近年来，随着全球居民生活水平的提高和医疗保健意识的增强，医疗

器械产品需求持续增长。我国医疗器械市场规模快速增长，呈现出巨大的市场空间。2020 年，新冠肺炎疫情的全球扩散促进了市场对医疗器械需求的大幅增加及重视程度的提升，尤其是与呼吸、检测康复、应急防控、重症病房建设及健康防护相关的产品，将在疫情后市场扩容及基层下沉过程中迎来需求高峰。作为医疗器械产业市场的焦点，中国拥有全球医疗器械制造基地和产业链集群，为医疗器械行业提供了坚实的产业基础和有力的市场支撑。

CMEH 2021 办展目标在于分享医疗科技创新产品及最佳实践案例，深度解析当下人们最关心的应急医疗话题，探寻人类生命健康深层次需求，为行业提供最有价值的信息分享和前瞻性预测。展会全方位展示了医疗器械领域的先进技术和产品，为参展商和全球买家构建了高效高质的全方位一站式专业商贸平台，也为医疗器械行业提供了更多的合作机会，有力推动了中国医疗器械技术和产品进入全球采购体系，与世界各国医疗产业协调合作、互利共赢。

（二）多角度为参展商提供精准高效服务

通过 CMEH 展，参展商可以低成本结识或接触到高质量的采购商，成为众多潜在的国外采购商的供应商，同时挖掘潜在客户，把握与行业研究机构、组织团体以及政府官员接触的宝贵机会。参展商可以与采购商进行面对面沟通，直接了解采购商的需求以及采购动向，以便更快地达成协议或意向。在与采购商交流中，参展商可以深入了解市场的需求和潜力，从各应用行业的技术及采购代表处获取有价值的市场反馈信息，利用参展机开发市场和寻找客户，建立营销渠道，物色代理商或合资伙伴。

（三）拓展国际视野，全面彰显国际化优势

展会上国内外采购商云集，新产品及新成果荟萃，国际化优势将全面彰显。利用展览的机会，参展商可以拓宽国际视野，构建国际合作的有效平台，从一系列高水准的会议、研讨会中获益，寻求与专业观众和采购商建立合作和交流的机会，与国内以及来自亚太地区的代理商、渠道商、系统集成与解决方案提供商寻求合作，使产品乃至企业更精准地走向国际化。①

---

① http://www.china-cmeh.com.cn/beijing/page.indxpage.264.html.

互联网场景化科技互动，
拓展艺术会展新模式

2019 年 8 月 29 日至 9 月 1 日，由北京国际艺术博览会基金会与北京文化产权交易中心联合主办的第 22 届北京国际艺术博览会，在中国国际展览中心（静安庄）举办。展会吸引了中国、法国、德国、美国、意大利、朝鲜、澳大利亚、捷克、西班牙、韩国等 10 多个国家和地区的 150 家画廊及艺术机构参展，总面积 15000 平方米，国画、油画、雕塑、装置、影像、工艺等 8000 件中外艺术品参与现场交易，全面展现了一个精彩纷呈的艺术世界。

一、展会介绍

自 1997 年创办以来，北京国际艺术博览会（International Art Expo Beijing）立足本土、面向国际、融合现当代，经过二十余年的精心打造，现已成为国内综合性最强、体量最大，引领艺术发展潮流的艺术盛会，在艺术家、画廊、艺术机构与收藏家之间搭建了最广泛最高效的交流平台和信息平台，亦成为京城历史最悠久、规格最高、人气最旺、影响力最大的第一品牌艺术展会。

二、亮点优势

（一）进一步加深国际艺术交流

2019 北京艺术博览会以"艺领未来"为主题，特设主画廊展区、国际展区、青年艺术家特别项目区和艺术+展区。主展区以国内现当代艺术为主，中西荟萃，名家经典云集，同时力推海峡两岸艺术交流，吸引了众多台湾画廊参展；国际展区既有来自法国、西班牙、美国、韩国等20多个国家的国际著名画廊的参展作品，同时也有每年现场销售火爆的俄罗斯经典油画在展，且本届又有5家经营俄罗斯艺术品的画廊参展。在青年艺术家特别项目区，主办方联合艺术银行和大艺网推出了青年艺术市集，旨在以学术为标准、以市场为导向，推介优秀的青年艺术人才，为超过100位青年艺术家提供起步的平台，为新锐艺术家成功走向市场搭台扶梯，为观众带来具有艺术价值与时代特色、经得起学术与市场双重考量且价格适中的优秀作品。①

（二）创新交易模式，促进艺术品网络化融合

2019北京艺博会创新交易模式，促进艺术品网络化融合。在艺博会展馆内特设了O2O同步拍卖展区，所有上拍作品都来自艺博会参展艺术家，经过艺委会严格评审，每幅作品都附有拍卖链接码，现场扫码即可参与线上拍卖，这为观展公众提供了一场艺术品的视觉盛宴与优惠竞拍专场，实现了艺博会"互联网场景化"互动。同时，将线下艺博会位移到网上，还能发挥电商平台网络渠道优势，作品保真保优，销售快捷便利，为艺术电商的发展树立了新标杆。艺博会期间还举办了"北京公共文化艺术产业发展论坛"，旨在发掘北京文化艺术资源，提升公共文化服务水平，实现艺术融入生活、服务生活，提升艺术作品的市场流通。②

---

① https://www.artlianhe.com/news/5447.html.

② https://baijiahao.baidu.com/s?id=1643200051930809620&wfr=spider&for=pc.

汇聚世界各国佳酿展团，
打造高品位酒业展会

中国（北京）国际葡萄酒博览会（Top Wine China Beijing International Wine Exhibition）由中华人民共和国商务部批准，由国际葡萄酒行业会展机构——北京世联新睿国际展览有限公司、荷兰国际工业促进公司和中国对外贸易经济合作企业协会联合主办。2021 中国（北京）国际葡萄酒博览会（Top Wine China 2021）于 2021 年 6 月 1 日至 3 日在北京国家会议中心举办，展示产品包括葡萄酒、葡萄酒器具、葡萄酒包装技术、葡萄酒酿造设备等，同期还举办了大师班、葡萄酒大赛、品酒师大赛、葡萄酒基础课程等活动。

一、展会介绍

中国（北京）国际葡萄酒博览会（Top Wine China Beijing International Wine Exhibition）创办于 2010 年，是中国最权威、最专业、最成熟、覆盖面最广的葡萄酒行业专业博览会之一，也是收集前沿市场信息、调研竞争对手、发布新产品、提升品牌影响力的专业商贸平台，秉承"专业、专注、专诚"的展会理念，每年举办全国各地巡展，覆盖 60 余个城市，是中国颇具影响力的葡萄酒行业顾问。

二、亮点优势

（一）汇聚世界各国佳酿展团

2021 中国（北京）国际葡萄酒博览会吸引了国内外葡萄酒生产商和国

内酒类进口商与经销商共计 300 余家参展。中国葡萄酒三大产区入驻，中国进口葡萄酒联盟组织了 10 余家会员单位参加，来自北京、上海、广州、深圳、珠海、海南等地的国内优秀葡萄酒进口商，带来了十几个国家的 300 余款精品葡萄酒。此外，还有来自法国、意大利、西班牙、智利、南非、以色列等多个国家的葡萄酒生产商组团参展，汇聚各国佳酿展团。

与此同时，2021 中国（北京）国际葡萄酒博览会也吸引了中国北方乃至全国的酒类经销商、团购商等下游买家前来观展。6 月 1 日展会开幕日接待观众 3000 余人，吸引国内外众多葡萄酒生产商和国内进口商与经销商、业界领袖、世界葡萄酒大师、顶尖行业媒体等共同出席。

（二）创新活动形式，满足多元化需求

2021 中国北京国际葡萄酒博览会共举办了 30 余场论坛、特色葡萄酒体验和品鉴活动，活动形式进一步创新。

展会期间，中国进口葡萄酒联盟联合全球美酒汇共同主办了意大利风干葡萄酒全国巡回大师班北京站，本次大师班以"浓缩的精华"为主题，由联盟葡萄酒学院讲师担任主讲，参加人员品鉴了 6 款不同风格、不同产区和不同类型的意大利风干葡萄酒，全程座无虚席。

为满足多元化酒圈要求，2021 中国（北京）国际葡萄酒博览会还设置了清酒展区"品乐侍酒"，共设 10 个展位，来自北京、上海、深圳三地的清酒贸易商精选 200 余款精品清酒，涵盖日本南北各府县，酒款风格丰富多变，特邀中国内地葡萄酒大师、国内知名清酒讲师以及品乐侍酒学院的资深讲师前来主讲大师班。

（三）满足行业需求，释放前沿信号

2021 中国（北京）国际葡萄酒博览会释放出了行业和市场复苏的积极信号。

一是商务部裁定原产于澳大利亚的进口相关葡萄酒存在倾销，决定自 2021 年 3 月 28 日起，对原产于澳大利亚的进口相关葡萄酒征收反倾销税。受这一消息影响，澳洲葡萄酒在中国的销售应声而落，智利、法国、意大利和西班牙等国葡萄酒商则采取积极措施，意欲瓜分澳洲葡萄酒空出来的市场。中国海关发布的 2021 年第一季度葡萄酒进口数据显示，法国重新超过澳大利亚成为中国瓶装葡萄酒的第一大供应国，进口总量为 2710 万升，与去年同期相比增长了 16%。与之相应的是，法国第一个确定以国家展团形式参加本届 Top Wine China，充分体现了对中国市场的重视和重回中国葡萄酒进口市场巅峰的决心。

二是在以国内大循环为主体、国内国际双循环相互促进的新发展格局下，中国葡萄酒成为国潮新品和市场风口。本届展会上，河北怀来、宁夏青铜峡均组团参加，加上展会期间举办的中国焉耆盆地产区葡萄酒国际专家论坛等活动，预示了中国葡萄酒未来可期。

三是消费者对酒类的品类需求进一步拓宽。2021 年前 3 个月，烈酒的进口增长了 96%。本次展会亦有 15 个国际烈酒名庄齐齐亮相，准备进军中国北方市场。其中清酒展区最为吸睛，全天人流不断。另外无醇酒小众酒也成为新的爆品，市场前景看好。①

---

① https://baijiahao.baidu.com/s?id = 1701599190204810262&wfr = spider&for = pc.

充分整合线上线下多方资源，打造"北方第一礼品展"响亮名片

中国·北京国际礼品、赠品及家庭用品展览会由北京励展华群展览有限公司主办。北京励展华群展览有限公司是由励展博览集团、励展华博展览有限公司及北京群学展览有限公司合作组建的合资企业，凭借三方无可匹敌的行业资源优势，中国国际礼品、赠品及家庭用品展览会已成为北方地区最权威、最专业、最具影响力的礼品展览会，并一举奠定了"北方第一礼品展"的行业地位。①

一、展会介绍

中国·北京国际礼品、赠品及家庭用品展览会（春季）作为全国礼品家居行业展开年首秀，吸引了全国乃至海外近千家优质礼品供应商携新一年的新奇特产品前来展览。该展会是年度礼品潮流资讯、原创设计及品牌的集中发布平台。每年春季，北京及华北、东北地区的4万多名礼品渠道商、传统零售商、网络分销商、企业客户都会如约而至，在此汲取灵感、找寻供应商、捕捉商机，并与同行交流学习；展会通过精准的配对服务，帮助买家锁定实力工厂及优质本地服务商，为客户实现高性价比采购。②

---

① http://expobj.cn.globalimporter.net/03/about.asp.

② https://www.reedgifts.com/about.html.

二、亮点优势

（一）提供细致全面的服务

为保障参展商的利益，更好地做好服务，励展华群展览有限公司为参展商提供了周到细致的服务。公司作为主办方可以在现场与礼品采购决策者面对面洽谈，主动为展商寻找配对的买家，为展商挖掘潜在客户，让买卖双方获益。励展华群还会为展商的特邀买家提供特别服务，如制作专属胸卡、尊享贵宾休息室等，特邀买家还可免费参加大买家采购专场及高端论坛。此外，励展华群建立了展会官方网站，并从其他媒体渠道来展示和报道展商新品，提供现场知识产权保护服务，从而鼓励原创设计，为参展商提供参展准备服务以及免费的咨询和建议。

（二）充分整合线上线下多方资源

在展会进行的同时，励展华群展览有限公司充分整合线上线下多方资源。通过提供绝佳商贸社交平台，汇聚全国知名礼品商协会、礼品渠道商与北方重点市场组团资源。在现场有超过45000多位专业买家汇聚一堂，展会可以一站式对接供需，是集中经销渠道、业界同行、专家领袖进行深度交流、资源合作以及人脉开拓的绝佳平台。

励展华群还通过线上线下的多维度展示，持续为参展各方网罗市场新商机。如每年春秋两届展览会加上北方重点市场巡回展示，以及"礼贸通"平台在线推广接单，为礼品业人士及渠道提供全年采购贸易平台，延伸展会效益，365天不间断。又如借助电子邮件、重点媒体覆盖宣传等全媒体精准推广曝光，以及建立有专人对接供采需求的客服中心。

联动拓展创新，建设特色专业展会

北京国际美博会由广州中国国际美博会与中国国际纤体美容展联合主办，于每年 4 月和 7 月在北京国家会议中心举办，服务于华北、东北及周边地区的美业市场，并作为美业体系重要组成部分，发挥着无可替代的作用。美博会整合业内及跨界资源，全面实现北、上、广三地联动，实现对美业的全产业链覆盖，以期能更大范围地辐射美业同仁，更有力地促进中国美业的稳步发展，为中外美业的交流打造更好的平台。

一、发展历程

中国国际美博会，原名广州国际美博会，1989 年由马娅女士所创立。2012 年广州国际美博会更名为广东国际美博会。2015 年 5 月，广东国际美博会正式更名为"中国国际美博会"，即 China International Beauty Expo，英文简称 CIBE。2016 年进军上海，2019 年进军深圳。如今已形成北京、上海、广州、深圳四地一年六届展览的布局，内容辐射美业及大健康产业各领域。

二、亮点优势

（一）六大特色专区全产业链覆盖

北京国际美博会重点展示专业美容、纤体塑形、体重控制、健康管理、日化新零售、高端仪器六大特色专区，覆盖专业线、日化线、母婴服务、三美、配套等全产业链的 500 家参展企业、1500 个参展品牌，集中展示美业最新技术成果，探索美业新趋势，开拓美业新商机。

（二）创新活动形式，关注行业前沿

2022年北京国际美博会计划同期举办会议论坛、行业大赛、名家讲堂、品牌秀等十余场系列活动，邀请行业专家、头部企业负责人、美业大咖等，解读行业政策，分析市场发展方向，分享营销实战，交流技术创新，促进产业融合。

（三）精准邀约形成有效供需对接

北京国际美博会展前大会将举行多场地推活动，下沉实体门店，一对一邀约行业相关代理商、跨境电商、美容连锁机构、医美机构以及知名企业负责人、采购经理、行业专家等到场参观洽谈。同时邀约各地行业协会、行业媒体、企业机构组团参观。结合展会数百个专业粉丝群、采购对接群，实现线上线下有效供需对接。

（四）行业媒体全域传播

展会借助专业线、日化线、供应线以及大众时尚类媒体的覆盖面和影响力，将美博会及展商信息传递给受众群体。展览现场的媒体中心设置国际和国内、专业和大众媒体进行采访邀约。美博会拥有公众号、抖音号、视频号、小红书、微博等自媒体矩阵，信息精准触达客户50多万户，每日传递最新展览资讯、提供在线展览服务。

第七部分　　附　录

附录一：2021 主要场馆举办会展一览表

表 1   2021 年北京市主要场馆举办展会一览表

序号	展会名称	主办单位	开始日期	结束日期	举办场馆	展会规模（平方米）	参展厂商（家）
1	2021 年中国国际汽车用品展览会	北京雅森国际展览有限公司	2021 年 3 月 24 日	2021 年 3 月 27 日	中国国际展览中心（顺义馆）	250000	2400
2	第 43 届中国·北京国际礼品、赠品及家庭用品展览会	北京励展华群展览有限公司和励展华博展览（深圳）有限公司	2021 年 3 月 25 日	2021 年 3 月 27 日	中国国际展览中心（朝阳馆）	33036	700
3	华夏家博会	商务部外贸发展局、上海装饰装修行业协会主办	2021 年 3 月 26 日	2021 年 3 月 28 日	北京国家会议中心	20000	150
4	2021 年中国（北京）国际墙纸墙布窗帘暨家居软装饰展览会	中展智奥（北京）国际展览有限公司	2021 年 3 月 30 日	2021 年 4 月 2 日	中国国际展览中心（顺义馆）	120000	1200
5	2021 北京图书订货会	北京盛会文化交流有限公司	2021 年 3 月 31 日	2021 年 4 月 2 日	中国国际展览中心（朝阳馆）	46004	700
6	2021 北京国际美博会（春季）	广州佳美展览主办，北京佳美展览有限公司、上海腾美展览、国际减肥美体行业协会（ISFA）、北京联合美业承办	2021 年 3 月 31 日	2021 年 4 月 2 日	北京国家会议中心	30000	800

续表

序号	展会名称	主办单位	开始日期	结束日期	举办场馆	展会规模（平方米）	参展厂商（家）
7	第八届北京国际灌溉技术展览会、第八届北京国际智慧农业装备与技术博览会	北京物联网智能技术应用协会、振威展览股份等	2021年3月31日	2021年4月2日	北京国家会议中心	20000	500
8	I JOY北京国际动漫游戏狂欢节	北京漫盟文化传播有限公司	2021年4月3日	2021年4月4日	北京国家会议中心		
9	2021第22届北京国际环卫与市政设施及清洗设备展览会	北京市市容环境卫生协会主办，北京企发展览服务有限公司承办	2021年4月7日	2021年4月9日	北京全国农业展览馆	50000	500
10	2021中国国际珠宝首饰展览会	北京华港展览有限公司、北京海名汇博会展有限公司共同主办	2021年4月8日	2021年4月11日	中国国际展览中心（朝阳馆）	18366	388
11	2021第十八届健康产业春季博览会		2021年4月8日	2021年4月9日	北京亦创国际会展中心		
12	第31届北京教育装备展示会	北京市高等教育学会技术物资研究分会、北京教育装备行业协会主办，《中国现代教育装备》杂志社承办	2021年4月8日	2021年4月10日	北京国家会议中心		
13	第十七届中国国际机床展览会	中国机床工具工业协会（中国机床工具工业协会、中国国际展览中心集团公司承办）	2021年4月12日	2021年4月17日	中国国际展览中心（顺义馆）	131000	1517

序号	展会名称	主办单位	开始日期	结束日期	举办场馆	展会规模（平方米）	参展厂商（家）
14	2021中国国际建筑工程新技术、新材料、新工艺及新装备博览会	北京中装文行国际会展有限公司	2021年4月14日	2021年4月16日	中国国际展览中心（朝阳馆）	22000	360
15	第十四届中国国际核电工业展览会	中国核能行业协会主办，国家电投集团山东核电有限公司协办	2021年4月14日	2021年4月16日	北京国家会议中心	11000	200
16	第十届储能国际峰会暨展览会ESIE2021	中关村储能产业技术联盟、中国能源研究会储能专委会	2021年4月14日	2021年4月16日	北京国家会议中心	7000	100
17	BeijingBrew2021北京国际精酿工坊啤酒展览会	北京自酿啤酒协会（BHS），北京合众展览有限公司承办	2021年4月14日	2021年4月16日	北京亦创国际会展中心		125
18	世纪家博会		2021年4月16日	2021年4月18日	北京全国农业展览馆		
19	北京国际清洁与维护展览会	中国国际贸易促进委员会北京市分会、荷兰阿姆斯特丹RAI国际展览集团和北京北辰会展集团有限公司共同主办，北京国际展览中心有限公司和锐昂展览（上海）有限公司承办	2021年4月19日	2021年4月21日	北京国家会议中心	16500	150
20	2021中国国际清洁能源博览会	北京泰格尔展览有限公司	2021年4月20日	2021年4月22日	中国国际展览中心（朝阳馆）	13580	120

序号	展会名称	主办单位	开始日期	结束日期	举办场馆	展会规模（平方米）	参展厂商（家）
21	第三十七届北京国际美容化妆品博览会（春季）	北京世博联展览服务有限公司	2021年4月20日	2021年4月22日	中国国际展览中心（朝阳馆）	6150	220
22	千岛湖悦盛八鲜鱼杯·2021第四届北京餐饮采购展览会	中国食品工业协会冷冻冷藏食品专业委员会、北京箸福展览有限公司	2021年4月21日	2021年4月23日	北京亦创国际会展中心	30000	800
23	2021第七届北京国际新型供热及节能环保设备展览会	中国电力企业联合会电能替代产业发展促进联盟电制热、制冷专委会、中国建筑材料流通协会电供暖委员会、中国低碳产业协会供热环保分会、北京蓝色天空低碳环保咨询中心、中国建筑材料流通协会电供暖委员会、中国城市发展研究院产业规划投资研究中心、北京市节能环保中心、中国被动式集成建筑材料产业联盟、中国散协被动式装备建筑专委会联合主办	2021年4月22日	2021年4月24日	北京亦创国际会展中心	20000	300
24	2021北京国际茶业及茶艺博览会（春季）	中国农业国际合作促进会主办，中国农业国际合作促进会茶产业分会、北京京港环球国际展览有限公司承办	2021年4月23日	2021年4月26日	北京全国农业展览馆	26000	900

序号	展会名称	主办单位	开始日期	结束日期	举办场馆	展会规模（平方米）	参展厂商（家）
25	2021北京国际汽车维修检测诊断设备、零部件及美容养护展览会	法兰通联展览（北京）有限公司	2021年4月24日	2021年4月27日	中国国际展览中心（顺义馆）	80100	840
26	2021春季中国（北京）婚博会		2021年4月24日	2021年4月25日	北京国家会议中心		
27	第八届北京国际宠物用品展览会	北京雄鹰国际展览有限公司	2021年4月28日	2021年5月1日	中国国际展览中心（朝阳馆）	44700	661
28	北京国际互联网科技展览会	北京市委网信办、市公安局联合主办	2021年4月28日	2021年4月30日	北京国家会议中心		
29	2021中国国际建筑装饰及材料博览会	中展智奥（北京）国际展览有限公司	2021年4月30日	2021年5月3日	中国国际展览中心（顺义馆）	160000	1300
30	IJOY北京国际动漫游戏狂欢节/CGF游戏节/GPS国际潮流艺术展		2021年5月1日	2021年5月2日	北京国家会议中心	20000	200
31	2021艺术北京博览会		2021年5月1日	2021年5月3日	北京全国农业展览馆	20000	150
32	2021中国国际集成定制家居展览会暨中国国际门业展览会	中展智奥（北京）国际展览有限公司	2021年5月6日	2021年5月9日	中国国际展览中心（顺义馆）	120000	992
33	2021年中国国际智能建筑展览会	中国建筑业协会、中国国际经济合作投资公司主办、中国建筑业协会绿色建造与智能建筑分会、北京汉偌威国际展览有限公司承办	2021年5月6日	2021年5月8日	北京国家会议中心	22000	300

序号	展会名称	主办单位	开始日期	结束日期	举办场馆	展会规模（平方米）	参展厂商（家）
34	2021 第 12 届北京国际广告标识与图文快印包装办公设备展览会	北京华展博览展览有限公司	2021 年 5 月 7 日	2021 年 5 月 9 日	中国国际展览中心（朝阳馆）	18366	210
35	2021 中国国际影像后期与艺术框业展览会	北京瑞彩纵横文化发展有限公司和广州七典堂文化艺术有限公司联合主办	2021 年 5 月 7 日	2021 年 5 月 9 日	中国国际展览中心（朝阳馆）	8670	160
36	第十九届中国国际科学仪器及实验室装备展览会（CISILE2021）	中国仪器仪表行业协会与世信国际会展集团主办，北京朗普展览有限公司承办	2021 年 5 月 10 日	2021 年 5 月 12 日	北京国家会议中心	25000	600
37	2021 中国国际供热通风空调、卫浴及舒适家居系统展览会	中展智奥（北京）国际展览有限公司、法兰克福展览（上海）有限公司联合承办	2021 年 5 月 12 日	2021 年 5 月 14 日	中国国际展览中心（顺义馆）	116000	900
38	第 23 届北京国际幼教用品及幼儿园配套设备展览会	北京南北育联国际会展有限公司	2021 年 5 月 12 日	2021 年 5 月 14 日	中国国际展览中心（朝阳馆）	36400	431
39	中国华夏家博会	北京华墨展览服务有限公司	2021 年 5 月 14 日	2021 年 5 月 16 日	北京国家会议中心	30000	
40	2021［核聚变］游戏展	机核（北京）文化传媒有限公司 GAMECORES	2021 年 5 月 15 日	2021 年 5 月 16 日	北京亦创国际会展中心		
41	第 32 届京正·北京国际孕婴童产品博览会	北京京正国际展览有限公司	2021 年 5 月 17 日	2021 年 5 月 19 日	中国国际展览中心（顺义馆）	53400	468

续表

序号	展会名称	主办单位	开始日期	结束日期	举办场馆	展会规模（平方米）	参展厂商（家）
42	2021 第 28 届中国国际健康产业博览会、	北京世博威国际展览有限公司	2021 年 5 月 17 日	2021 年 5 月 19 日	中国国际展览中心（朝阳馆）	21730	900
43	第 25 届中国国际有机绿色食品食材及高端粮油博览会	北京世博威国际展览有限公司	2021 年 5 月 17 日	2021 年 5 月 19 日	中国国际展览中心（朝阳馆）		
44	2021 第 22 届北京国际天然气车船、加气站设备展览会	北京企发展览服务有限公司	2021 年 5 月 17 日	2021 年 5 月 19 日	中国国际展览中心（顺义馆）	7000	120
45	北京宠物用品展览会	北京宠物用品展组委会、上海万耀企龙展览有限公司	2021 年 5 月 19 日	2021 年 5 月 21 日	北京国家会议中心	50000	500
46	2021 中国（北京）国际游乐设施设备博览会	中国游艺机游乐园协会和北京东方游乐设备科贸公司联合承办	2021 年 5 月 22 日	2021 年 5 月 24 日	中国国际展览中心（顺义馆）	44000	355
47	2021 北京国际生态旅游房车露营产业博览会	中国木材保护工业协会、中华全国工商业联合会汽车经销商商会房车露营专业委员会主办，中国房地产业协会商业文化旅游地产委员会、中国林业产业联合会生态旅居与露营分会、广东上越文化传媒有限公司、中露联平台协办，北京森美家园商贸有限公司承办	2021 年 5 月 22 日	2021 年 5 月 24 日	北京全国农业展览馆	30000	300

序号	展会名称	主办单位	开始日期	结束日期	举办场馆	展会规模（平方米）	参展厂商（家）
48	第二十二届中国（北京）特许加盟大会暨展览会	北京国际展览中心有限公司和北京智霖博雅展览有限公司联合主办	2021年5月22日	2021年5月24日	中国国际展览中心（顺义馆）	26700	200
49	2021北京国际优质农产品展示交易会	世信朗普国际展览（北京）有限公司	2021年5月22日	2021年5月24日	中国国际展览中心（朝阳馆）	10216	306
50	2021中国国际现代农业博览会	世信朗普国际展览（北京）有限公司	2021年5月22日	2021年5月24日	中国国际展览中心（朝阳馆）	8150	158
51	第三十二届国际医疗仪器设备展览会	中国外商投资企业协会及中国国际贸易中心联合主办、中国外商投资企业协会医疗器械行业委员会（MEDAC）及第32届国际医疗仪器设备展览会组委会联合承办	2021年5月24日	2021年5月26日	北京国家会议中心	30000	500
52	2021年第十六届国际真空展览会	中国真空学会	2021年5月26日	2021年5月28日	北京国家会议中心	10000	200
53	第七届中国（北京）国际矿业展览会	北京海闻展览有限公司	2021年5月27日	2021年5月29日	中国国际展览中心（顺义馆）	18300	360
54	2021北京国际摩托车展览会	中国摩托车商会、中国汽车摩托车运动联合会和北京华港展览有限公司联合主办	2021年5月28日	2021年5月30日	中国国际展览中心（顺义馆）	53400	200

序号	展会名称	主办单位	开始日期	结束日期	举办场馆	展会规模（平方米）	参展厂商（家）
55	2021年中国国际广播电视信息网络展览会	北京广研广播电视高科技中心有限责任公司	2021年5月28日	2021年5月30日	中国国际展览中心（朝阳馆）	40550	407
56	2021北京国际艺术设计玩具展览会	北京北辰领航商务会展有限公司、北京必有回响科技有限公司（潮玩族）	2021年5月28日	2021年5月30日	北京国家会议中心	11000	300
57	2021北京国际艺术设计玩具展览会（2021CTS×ADTS）	北辰领航商务会展有限公司	2021年5月28日	2021年5月30日	北京国家会议中心	10000	300
58	2021中国（北京）国际葡萄酒展览会	国际葡萄酒行业会展机构—北京世联新睿国际展览有限公司、荷兰国际工业促进公司和中国对外贸易经济合作企业协会联合主办	2021年6月1日	2021年6月3日	北京国家会议中心	20000	475
59	中国民航技术装备及服务展	中国民用航空局空中交通管理局、中国民用机场协会、中国航空器材集团有限公司、中国民航技术装备有限公司、中国航材集团北京华诺航空服务有限公司	2021年6月1日	2021年6月3日	北京国家会议中心	11000	
60	第二十九届中国国际乐器展览会	北京演艺展业广告有限公司	2021年6月3日	2021年6月6日	中国国际展览中心（朝阳馆）	27036	600

续表

序号	展会名称	主办单位	开始日期	结束日期	举办场馆	展会规模（平方米）	参展厂商（家）
61	2021 中国国际石油石化技术装备展览会及中国国际管道防爆电气自动化展览会、2021 北京国际石油天然气管道与储运技术装备展览会、2021 北京国际天然气技术装备展览会、第十一届北京国际海洋工程技术与装备展览会、2021 北京国际燃气应用与技术装备展览会、2021 北京国际氢能技术装备展览会、2021 北京国际地下工程建设及非开挖技术装备展览会、2021 国际石油天然气产业高峰论坛	北京振威展览有限公司、天津振威展览有限公司联合主办	2021 年 6 月 8 日	2021 年 6 月 10 日	中国国际展览中心（顺义馆）	85700	1000
62	第二十六届中国国际口腔设备材料展览会暨技术交流会	国家卫生健康委国际交流与合作中心、中华口腔医学会、北京大学口腔医学院共同主办	2021 年 6 月 9 日	2021 年 6 月 12 日	北京国家会议中心	50000	900
63	2021 全球无人机应用及防控大会暨无人机产业博览会	中国光学工程学会、中国无人机产业创新联盟	2021 年 6 月 9 日	2021 年 6 月 11 日	北京亦创国际会展中心	20000	200

序号	展会名称	主办单位	开始日期	结束日期	举办场馆	展会规模（平方米）	参展厂商（家）
64	2021北京国际汽车制造业博览会	北京亚太瑞斯会展服务有限公司	2021年6月9日	2021年6月11日	中国国际展览中心（朝阳馆）	8670	312
65	北京·红星美凯龙家博会	北京红星美凯龙家居市场有限公司	2021年6月12日	2021年6月14日	中国国际展览中心（朝阳馆）	12300	110
66	北京潮流艺术与手办玩具展览会	北京赋谷网络科技有限公司	2021年6月12日	2021年6月14日	中国国际展览中心（朝阳馆）	6000	100
67	2021中国国际房车展览会	杜塞尔多夫展览（上海）有限公司	2021年6月18日	2021年6月20日	北京亦创国际会展中心	39000	200
68	第十届北京国际印刷技术展览会	北京中印协华港国际展览有限公司	2021年6月23日	2021年6月27日	中国国际展览中心（顺义馆）	160000	960
69	第七届中国（北京）军事智能技术装备博览会暨第九届中国指挥控制大会	中国科学技术协会指导、中国指挥与控制学会主办、北京洞见未来会展有限公司承办	2021年7月5日	2021年7月7日	北京国家会议中心		300
70	2021北京国际道路运输、城市公交、旅游客运车辆及零部件展览会	北京国际展览中心有限公司、交科院科技集团有限公司、交通运输部科学研究院联合主办	2021年7月7日	2021年7月9日	中国国际展览中心（顺义馆）	20100	72
71	2021国际先进复合材料制品、原材料、工装及工程应用展览会	北京盛世联盟会展有限公司	2021年7月7日	2021年7月9日	中国国际展览中心（朝阳馆）	17730	254

序号	展会名称	主办单位	开始日期	结束日期	举办场馆	展会规模（平方米）	参展厂商（家）
72	2021第十六届北京国际智能制造工业自动化展览会	京禾展览（北京）有限公司	2021年7月7日	2021年7月9日	中国国际展览中心（朝阳馆）	4335	105
73	2021第十六届北京国际煤炭采矿技术设备展览会	京禾展览（北京）有限公司	2021年7月7日	2021年7月9日	中国国际展览中心（朝阳馆）	4335	108
74	2021北京国际教育品牌连锁加盟展览会	北京合众会展有限公司	2021年7月7日	2021年7月9日	中国国际展览中心（朝阳馆）	4000	60
75	2021北京国际妇女儿童产业博览会	北京市妇女儿童联合会、北京市贸促会、国家会议中心共同主办	2021年7月9日	2021年7月11日	北京国家会议中心	22000	300
76	DREAMFAIR 国际原创艺术与设计师玩具展	52TOYS	2021年7月9日	2021年7月11日	北京全国农业展览馆	13000	400
77	第六届全球防疫物资采购交易会	广州创迈展览策划有限公司	2021年7月9日	2021年7月11日	中国国际展览中心（顺义馆）	4700	100
78	2021北京国际防灾减灾应急安全产业博览会	中国安全产业协会、中国医学装备协会应急救治分会、中国防灾减灾应急产业联盟、应急安全科技创新联盟（AESTI）	2021年7月9日	2021年7月11日	北京亦创国际会展中心		
79	北京第三十三届惠民团车节		2021年7月10日	2021年7月11日	北京国家会议中心		

序号	展会名称	主办单位	开始日期	结束日期	举办场馆	展会规模（平方米）	参展厂商（家）
80	第十九届中国国际环保展览会	中国环境保护产业协会	2021年7月13日	2021年7月15日	中国国际展览中心（朝阳馆）	36400	800
81	第26届中国（北京）国际美博会	广州佳美展览有限公司主办，北京佳美展览有限公司、北京联合美业文化有限公司承办	2021年7月15日	2021年7月17日	北京国家会议中心	40000	1000
82	I JOY北京国际动漫游戏狂欢节/CGF中国游戏节		2021年7月16日	2021年7月17日	北京国家会议中心		
83	北京世纪家博会		2021年7月16日	2021年7月18日	北京全国农业展览馆		
84	2021夏季中国（北京）婚博会	北京金海群英网络信息技术有限公司	2021年7月17日	2021年7月18日	中国国际展览中心（朝阳馆）	35336	200
85	I DO北京国际动漫游戏嘉年华	北京德智信文化传播有限公司	2021年7月17日	2021年7月18日	北京亦创国际会展中心	30000	
86	北京国际视听集成设备与技术展览会	InfoCommAsia Pte Ltd	2021年7月21日	2021年7月23日	北京国家会议中心	50000	226
87	第四届中国舞台美术展	中国舞台美术学会、百纳嘉利（北京）剧场管理有限公司联合主办	2021年7月23日	2021年7月26日	中国国际展览中心（朝阳馆）	27036	105
88	2021光电子产业博览会	中国光学工程学会（CSOE）主办，北京宇航会展有限公司承办	2021年7月24日	2021年7月26日	北京亦创国际会展中心		

续表

序号	展会名称	主办单位	开始日期	结束日期	举办场馆	展会规模（平方米）	参展厂商（家）
89	2021 第二十届 CEEASIA 亚洲国际消费电子展	中国消费电子协会主办，森展国际展览有限公司承办	2021 年 7 月 29 日	2021 年 7 月 31 日	北京亦创国际会展中心	60000	800
90	第十一届北京国际酒店、餐饮及食品饮料博览会	中国饭店协会主办，全国工商联厨具业商会、北京市餐饮行业协会、北京市旅游行业协会饭店分会联合主办，北京恒辉国际展览有限公司承办	2021 年 7 月 29 日	2021 年 7 月 31 日	中国国际展览中心（朝阳馆）	50000	1100
91	2021 第四届北京房车旅游文化博览会	中国汽车报社、中国汽车新闻工作者协会联合主办，《房车时代》杂志社、南京艾狄尔旅游文化发展有限公司承办	2021 年 7 月 30 日	2021 年 8 月 1 日	北京全国农业展览馆	50000	200
92	华夏家博会	上海华墨展览服务有限公司	2021 年 7 月 30 日	2021 年 8 月 1 日	北京国家会议中心	3000	
93	中国国际服务贸易交易会	商务部和北京市人民政府共同举办	2021 年 9 月 2 日	2021 年 9 月 7 日	北京国家会议中心、北京首钢园	130000	
94	2021 世界机器人大会	北京市人民政府、工业和信息化部、中国科学技术协会主办，中国电子学会、北京市经济和信息化局、北京经济技术开发区管委会承办	2021 年 9 月 10 日	2021 年 9 月 13 日	北京亦创国际会展中心	50000	130

续表

序号	展会名称	主办单位	开始日期	结束日期	举办场馆	展会规模（平方米）	参展厂商（家）
95	HICOOL2021 全球创业者峰会暨创业大赛	北京海外高层次人才协会主办、北京海高创新科技服务有限公司承办	2021年9月10日	2021年9月11日	中国国际展览中心（顺义馆）	26700	200
96	第九届中小企业投融资交易会	中国中小企业协会发起，联合中国银行业协会、中国期货业协会等国家级行业协会共同举办	2021年9月10日	2021年9月12日	北京国家会议中心	15000	1043
97	北京世纪家博会		2021年9月10日	2021年9月12日	北京全国农业展览馆		
98	北京第三十四届惠民团车节		2021年9月11日	2021年9月12日	北京国家会议中心		
99	第二十八届北京国际图书博览会暨第十九届北京国际图书节	中央宣传部（国家新闻出版署）、科技部、北京市人民政府、北京市委宣传部（北京市新闻出版局）、中国出版协会、中国作家协会主办，中国图书进出口（集团）有限公司承办	2021年9月14日	2021年9月18日	中国国际展览中心（顺义馆）	53400	678
100	第44届中国·北京国际礼品、赠品及家庭用品展览会	北京励展华群展览有限公司主办，励展华博展览（深圳）有限公司承办	2021年9月14日	2021年9月16日	中国国际展览中心（朝阳馆）	36400	800

续表

序号	展会名称	主办单位	开始日期	结束日期	举办场馆	展会规模（平方米）	参展厂商（家）
101	2021北京国际设计周设计博览会（一期）	中华人民共和国文化和旅游部、北京市人民政府主办	2021年9月19日	2021年9月21日	北京全国农业展览馆	20000	
102	2021中国（北京）国际精品陶瓷展览会	中国陶瓷工业协会、北京炎黄陶瓷技术开发公司联合举办	2021年9月19日	2021年9月22日	中国国际展览中心（朝阳馆）	16450	280
103	2021北京国际红木家具文化博览会	北京环球博威国际展览有限公司	2021年9月19日	2021年9月22日	中国国际展览中心（朝阳馆）	8534	55
104	2021秋季中国（北京）婚博会		2021年9月19日	2021年9月20日	北京国家会议中心		
105	2021北京国际设计周设计博览会（二期）	中华人民共和国文化和旅游部、北京市人民政府主办	2021年9月24日	2021年9月27日	北京全国农业展览馆	20000	
106	2021北京国际璀璨珠宝矿物宝石展览会	北京海名汇博会展有限公司	2021年9月24日	2021年9月27日	中国国际展览中心（朝阳馆）	8150	260
107	2021中国国际新能源和智能网联汽车展览会	北京赛迪出版传媒有限公司、北京中汽四方会展有限公司	2021年9月25日	2021年9月28日	中国国际展览中心（顺义馆）	36645	150
108	2021世界智能网联汽车大会	北京赛迪出版传媒有限公司、北京中汽四方会展有限公司	2021年9月25日	2021年9月28日	中国国际展览中心（顺义馆）		
109	第十九届北京分析测试学术报告会暨展览会	中国分析测试协会	2021年9月27日	2021年9月29日	中国国际展览中心（顺义馆）	53400	700

序号	展会名称	主办单位	开始日期	结束日期	举办场馆	展会规模（平方米）	参展厂商（家）
110	2021年中国国际信息通讯展览会	中华人民共和国工业和信息化部主办，中国邮电器材集团公司承办	2021年9月27日	2021年9月29日	北京国家会议中心	45000	400
111	2021北京国际医疗器械展览会暨医用消毒及感控设备展览会	北京展亚国际展览有限公司	2021年9月27日	2021年9月29日	中国国际展览中心（朝阳馆）	4335	125
112	IJOY北京国际动漫游戏狂欢节/CGF游戏节		2021年10月1日	2021年10月3日	北京国家会议中心		
113	华夏家博会		2021年10月5日	2021年10月7日	北京国家会议中心		
114	2021北京国际城市轨道交通展览会暨高峰论坛	中国城市轨道交通协会	2021年10月9日	2021年10月11日	中国国际展览中心（朝阳馆）	30000	300
115	第三届北京生态食品博览会	北京龙华飞跃商贸有限公司	2021年10月9日	2021年10月18日	北京全国农业展览馆		
116	2021第十一届北京国际水处理展览会暨第二十三届北京国际膜与水处理技术及装备展览会	中国膜工业协会、荷兰阿姆斯特丹RAI国际会展中心、上海荷嘉会展有限公司	2021年10月10日	2021年10月12日	北京国家会议中心	25000	800
117	2021中国国际消防设备技术交流展览会	中国消防协会	2021年10月12日	2021年10月15日	中国国际展览中心（顺义馆）	120000	800
118	北京当代·艺术博览会2021	北京艾特菲尔文化有限公司	2021年10月13日	2021年10月17日	北京全国农业展览馆		90

续表

序号	展会名称	主办单位	开始日期	结束日期	举办场馆	展会规模（平方米）	参展厂商（家）
119	2021中国国际福祉博览会暨中国国际康复博览会	中国残疾人联合会主办，中国残疾人辅助器具中心与北京市残疾人联合会承办	2021年10月15日	2021年10月17日	北京国家会议中心	25000	200
120	第九届北京国际旅游商品及旅游装备博览会	北京京旅恒展国际会展有限公司	2021年10月15日	2021年10月17日	中国国际展览中心（朝阳馆）	8150	106
121	2021中国国际咖啡展览会	北京华港展览有限公司	2021年10月15日	2021年10月17日	中国国际展览中心（朝阳馆）	6852	102
122	2021北京国际风能大会暨展览会	北京赛迪会展有限公司	2021年10月18日	2021年10月20日	中国国际展览中心（顺义馆）	53400	550
123	第三十三届中国国际眼镜业展览会	中国眼镜协会、中国中轻国际控股有限公司	2021年10月20日	2021年10月22日	中国国际展览中心（朝阳馆）	47824	700
124	2021华巨臣北京国际茶产业博览会	中国国际茶文化研究会、中华文化促进会、深圳市茶文化促进会、深圳市华巨臣实业有限公司主办，北京华巨臣文化传播有限公司承办	2021年10月22日	2021年10月25日	北京国家会议中心	25000	800
125	北京国际陶瓷暨手工艺品展		2021年10月22日	2021年10月25日	北京国家会议中心		
126	第六届北京国际桌面游戏展DICE CON 2021	桌游文化推广平台DICE	2021年10月23日	2021年10月24日	北京全国农业展览馆	13000	100

序号	展会名称	主办单位	开始日期	结束日期	举办场馆	展会规模（平方米）	参展厂商（家）
127	2021第十届北京国防信息化装备与技术博览会（CNTE2021）	中国和平利用军工技术协会、全国工商联科技装备业商会、中国兵工学会反恐装备专委会、中国国防科协信息化专委会共同主办，中军融合信息技术研究院协办，北京企发展览服务有限公司承办	2021年10月25日	2021年10月27日	中国国际展览中心（朝阳馆）	30000	500
128	第十九届中国国际煤炭采矿技术交流及设备展览会	中国煤炭工业协会主办、中国中煤能源集团有限公司协办，中国煤炭工业国际技术咨询有限责任公司和汇显展览有限公司承办	2021年10月26日	2021年10月29日	中国国际展览中心（顺义馆）	110000	777

注：资料主要来源于各大展会场馆官方网站。部分展会由于疫情等原因存在延期。

表2　2021年北京市主要场馆部分会议及展览统计表

序号	会议名称	主办单位	开始日期	结束日期	举办场馆
1	生态能源储运设施安全保障及创新（国际）交流会	中国投资协会主办，中国投资协会生态产业投资专业委员会承办	2021年5月15日	2021年5月16日	北京国家会议中心
2	后疫情时期国际会展趋势研讨会	中国国际商会会展委员会、中国展览馆协会	2021年5月25日	2021年5月25日	中国国际展览中心（朝阳馆）

续表

序号	会议名称	主办单位	开始日期	结束日期	举办场馆
3	第八届国际智能网联汽车技术年会	中国汽车工程学会、国家智能网联汽车创新中心、清华大学苏州汽车研究院、北京经济技术开发区联合主办	2021年5月25日	2021年5月27日	北京亦创国际会展中心
4	2021国际显示技术大会	国际信息显示学会（SID）	2021年5月31日	2021年6月2日	北京亦创国际会展中心
5	2021CCF自主可控计算机大会	中国计算机协会主办，中国计算机学会抗恶劣环境计算机专委会协办	2021年7月20日	2021年7月21日	北京亦创国际会展中心
6	第二十三届中国科协年会	中国科协和北京市人民政府共同主办	2021年7月27日	2021年7月28日	北京亦创国际会展中心
7	2021全球数字经济大会	北京市政府与国家发展和改革委员会、工业和信息化部、商务部、国家互联网信息办公室共同举办	2021年8月2日	2021年8月3日	北京国家会议中心
8	Deepway驶向智能D时代品牌发布会	百度生态公司Deep-Way	2021年9月17日	2021年9月17日	中国国际展览中心（顺义馆）
9	2021年全国高分子学术论文报告会	中国化学会高分子学科委员会和北京化工大学主办	2021年9月22日	2021年9月26日	北京国家会议中心
10	"永远跟党走"中央和国家机关庆祝中国共产党成立100周年书画摄影展	中央和国家机关工作委员会主办，中央和国家机关工会联合会承办	2021年6月9日	2021年6月15日	北京全国农业展览馆
11	2021政法智能化建设技术装备及成果展	法治日报社、北京安全防范行业协会	2021年7月27日	2021年7月28日	北京国家会议中心

序号	会议名称	主办单位	开始日期	结束日期	举办场馆
12	UN75 国际艺术创意展暨 ICAE 国际儿童画展中国巡展		2021 年 7 月 31 日	2021 年 8 月 4 日	北京国家会议中心
13	新能源汽车产业发展成果展	北京市人民政府、中华人民共和国工业和信息化部、中华人民共和国公安部、中华人民共和国交通运输部、中国科学技术协会主办，中国国际贸易促进委员会汽车行业分会承办	2021 年 9 月 25 日	2021 年 9 月 28 日	中国国际展览中心（顺义馆）

资料来源：各大展会场馆官方网站。

附录二：2021年会展业活动情况

项目	2021年	2021年为2020年%
人员情况		
从业人员平均人数（人）	24358.0	96.9%
接待设施情况		
接待场所会议室个数（个）	5276.0	100.4%
#座位数超过500座的会议室	238.0	98.3%
接待场所会议室使用面积（万平方米）	84.1	101.3%
接待场所会议室可容纳人数（万人）	51.5	99.7%
会议情况		
接待会议个数（万个）	14.5	124.4%
#国际会议个数	0.02	109.4%
接待会议人数（万人次）	868.2	114.3%
#国际会议人数	1.6	108.9%
展览情况		
接待展览个数（个）	290.0	116.0%
#国际展览个数	64.0	206.5%
接待展览累计面积（含室外，万平方米）	712.2	441.2%
#国际展览累计面积	234.3	430.8%
接待展览观众人数（万人次）	142.0	143.2%
#国际展览观众人数	51.1	1576.3%
收入情况		
会展收入（亿元）	194.9	126.7%
#会议收入（亿元）	95.4	117.9%

项目	2021 年	2021 年为 2020 年%
#国际会议收入	4.2	172.4%
展览收入（亿元）	97.8	136.2%
#国际展览收入	9.8	125.7%

注：1. 人员情况和收入情况包括会展场馆、限额以上住宿业法人单位和产业活动单位、会展举办单位以及规模以上会议及展览服务业法人单位和旅行社等。2. 接待设施情况、会议情况和展览情况包括会展场馆、限额以上住宿业法人单位和产业活动单位。3. 表中发展速度按可比口径计算。

附录三：2021 北京会展业发展大事记

2021 年 1 月 4 日，《北京市商务局"两区"建设工作方案》出台。

《北京市商务局"两区"建设工作方案》指出，要以服贸会为龙头，打造国际经贸交流平台。提升服贸会国际化、专业化、市场化水平，全力打造全球最具影响力的服务贸易展会。探索建立"事业单位+会展集团"日常筹办运行机制，争取稳定一批国家部委和权威机构主办高峰论坛。继续争取服贸会展品留购政策。加快推进全球服务贸易联盟筹建，将其打造成为全球服务贸易国际性社团组织，提升我国在国际服务贸易领域的话语权。协调推动在北京首都国际机场周边打造功能完善的组团式会展综合体，推进新国展二三期项目开工建设。超前谋划大兴国际机场会展设施建设，精心筹划项目远期规模和首期目标，进一步优化展馆设施空间布局，形成与顺义新国展二、三期项目差异发展和合作共赢局面。

2021 年 3 月，正式发布《中华人民共和国国民经济和社会发展第十四个五年规划和 2035 年远景目标纲要》（以下简称《十四五规划纲要》）。

《十四五规划纲要》对会展业的发展明确提出以"推动生产性服务业融合化发展""深化服务领域改革开放""促进国内国际双循环""推动进出口协同发展"为主的发展方向，有利于打破传统的会展形式，提高会展的服务效率和服务品质，构建优质高效、结构优化、竞争力强的会展业新体系。

2021 年 3 月 19 日，北京市人民政府办公厅印发《关于支持中小微企业和个体工商户做好常态化疫情防控加快恢复发展的若干措施》（以下简称《措施》）。

《措施》提出要缓解旅游会展企业的突出困难，因疫情影响暂停举办的展会项目，如 2021 年内继续在京举办，按照不超过实际缴纳场租费用 50% 的标准对举办单位给予补助，补助金额不超过 50 万元，并取消参展中小微企业占比超过 50% 的补助限制。

2021 年 4 月 14 日，商务部印发《商务部批准〈宴席节约服务规范〉等 4 项国内贸易行业标准的公告》（商务部公告 2021 年第 9 号）。

由商务部流通产业促进中心、北京华阳恒通国际会展服务有限公司、常州霍克展示系统股份有限公司、灵通展览系统股份有限公司、汇展供应链管理（北京）有限公司、江苏汇鸿国际集团会展股份有限公司 6 家单位共同起草的国内贸易行业标准《环保展台设计制作指南》（SB/T 11231 - 2021），已经商务部审核并公布，将于 2021 年 11 月 1 日正式实施。该标准的制定，为展台设计与搭建企业提供了工作指导，为推广环保展台的应用奠定了良好基础，为推动中国会展业绿色发展提供了新动能。

2021 年 6 月 30 日，商务部公布《"十四五"商务发展规划》。

《"十四五"商务发展规划》提出，发挥好中国国际进口博览会等重要展会的平台作用，完善会展业发展协调机制，提升区域性展会平台，打造高水平、专业性、市场化品牌展，发展线上线下融合的展会模式，加强展览业行业体系标准化建设。

2021 年 8 月 2 日，首都会展（集团）有限公司宣布成立。

根据北京市委市政府相关工作部署，为探索北京市属国企市场化改革和做强做优中国国际服务贸易交易会品牌，加大首都会展全产业链布局，打造首都经济发展新增长点的布局，在北京市国资委和北京市商务局的支持下，北辰会展集团引入了首旅集团、首钢建设、京东科技、法国智奥会展集团 4 家战略投资者，并正式更名为首都会展集团。

首都会展集团的专业化重组，是进一步落实国有资本投资运营公司试点改革、分层分类混合所有制改革、健全市场化经营机制的重要战略进展。整合北京市国资委系统内会展产业资源，有利于加快建立健全市场化运营机制，推动传统会展产业转型升级，培育首都会展产业龙头企业，树立国资国企改革发展新标杆。引入战略投资者后，企业也将进一步改善治理体系，整合资源优势，实现会展全产业链生态战略布局。

2021 年 8 月 12 日，北京市商务局印发《北京市"十四五"时期商业服务业发展规划》，提出优化会展设施空间布局。

立足北京"四个中心"建设和首都会展业未来发展需求，以推动本市"两区"建设为契机，充分利用航空枢纽优势，在城市北部北京首都国际机场周边，依托新国展一期、二期及配套设施项目，打造功能完善的组团式会展综合体；在城市南部大兴国际机场周边，打造配套齐全、设施一流、业态融合、区域辐射带动作用强的会展产业集聚区。进一步提升奥体、北展、国展、农展馆、亦庄等会展片区原有设施功能，形成功能完善、服务优良、充满活力的会展发展新格局。

2021 年 9 月 5 日，北京市商务局发布《北京培育建设国际消费中心城市实施方案》（以下简称《方案》）。

2021 年 7 月，经国务院批准，北京等 5 个城市率先开展国际消费中心城市培育建设。《方案》重点提出了北京市建设国际消费中心城市的十大专项行动，包括消费新地标打造行动、消费品牌矩阵培育行动、数字消费创新引领行动、文旅消费潜力释放行动、体育消费质量提升行动、教育医疗消费能级提升行动、会展消费扩容提质行动、现代流通体系优化升级行动、消费环境新高地创建行动、消费促进机制协同保障行动。其中在会展消费扩容提质行动方面，提出加快补齐设施短板，持续提高中国国际服务贸易交易会、中关村论坛、金融街论坛等展会论坛的影响力，积极培育数字经济等高精尖领域的展会项目。会展业成为北京建设国际消费中心城市的重要抓手之一。

2021 年 9 月 2 日至 9 月 7 日，2021 年中国国际服务贸易交易会（简称 2021 年服贸会，或 CIFTIS 2021）在北京成功举办。

2021 年 9 月 2 日晚，国家主席习近平在 2021 年中国国际服务贸易交易会全球服务贸易峰会上发表视频致辞，指出服务贸易是国际贸易的重要组成部分和国际经贸合作的重要领域，在构建新发展格局中具有重要作用。

2021年9月21日，第十一届北京国际电影节在北京雁栖湖国际会展中心开幕。

由中央广播电视总台和北京市人民政府共同主办的第十一届北京国际电影节于2021年9月21日至9月29日在京举办，开闭幕影片分别为《长津湖》和《兰心大剧院》。2021年9月25日，第十一届北京国际电影节"北京市场"签约仪式如期举行。现场宣布，2021年共有44个重点项目、39家企业在"北京市场"签约发布，总金额达到352.23亿元，同比增长约6%，再次突破纪录。

2021年9月24日至28日，2021中关村论坛在北京举办。

中共中央总书记、国家主席、中央军委主席习近平通过视频方式在开幕式上致辞。论坛期间，成果发布板块重点发布了一批国家级创新成果、最新的科技政策，以及国际科技合作计划。同时，各类创新主体还发布了一批凸显创新性、示范性、引领性的重大项目、创新成果、研究报告等。

2021年9月24日至28日，2021中关村论坛展览（科博会）在北京举办。

2021中关村论坛展览（科博会）聚焦"智慧·健康·碳中和"主题，首次与中关村论坛同期同地举办，实现论展一体，共同打造面向全球高科技创新交流与合作的国家级平台。本届中关村论坛展览（科博会）面积约1.5万平方米，共分5个展馆，参展企业和机构576家，展期5天，接待各界观众1.6万余人次。

2021年9月26日，中国中铁置业旗下的中铁会展有限公司举办揭牌仪式。

此次成立的中铁会展有限公司，是中国中铁置业旗下唯一的会展产业专业运营公司，由中国中铁置业100%持股。中铁会展的成立，将进一步推动中国中铁置业在会展、住宅、文旅、康养、片区开发、代建代开发等业态上的深度融合和联动发展。

2021年9月26日，为期一月的2021北京798艺术节开幕。

2021北京798艺术节以"展示优秀文化艺术成果，展现园区特色，讲好中国故事"为主线，内容涵盖主题展、平行展、艺术文创集市、街头涂鸦体验等数十项展览及活动。

2021年9月28日上午，北京中国国际展览中心新馆（简称新国展）二期项目正式开工。

新国展目前是北京市规模最大、功能最为完善的展览中心，为展览行业量身定做，达到了国际专业展馆建设水平，是中国顶级专业化展馆之一。2008年，新国展一期正式建成并投入使用，展览面积106880平方米，以举办大型国际博览会为主，同时兼有商务服务、办公、物流运输、广告宣传、技术交流、会议、住宿、餐饮娱乐等配套功能。作为一个国际性、综合性、现代化的展览场所，新国展目前已成功举办了几百场国际性品牌展览和高端论坛配套交流活动。新国展二期项目位于顺义新城第23街区、新国展一期北侧，项目用地面积约63.74万平方米，地上建设面积43.85万平方米。二期项目计划于2024年竣工，建成后将成为北京市建筑规模最大、功能最完善、技术最先进的综合性会展场馆。

2021年10月14日，北京市商务局印发《北京市关于促进数字贸易高质量发展的若干措施》（以下简称《措施》）。

《措施》提出要把构建数字贸易会展交易平台作为重点任务和措施。要高规格办好"中国国际服务贸易交易会"，搭建面向全球的线上线下数字贸易交流和展示平台；用足用好2022年北京冬奥会、中关村论坛、金融街论坛、全球数字经济大会、北京国际电影节、北京国际音乐节、"电竞北京"、中国（北京）国际视听大会等国际性活动，促进各领域数字贸易的发展。

2021 年 10 月 20 日至 22 日，以"经济韧性与金融作为"为主题的 2021 金融街论坛年会在北京举行。

在"2021 金融街论坛年会"金融科技守正创新成果发布会上，中国央行组织发布了 28 项金融行业标准，涵盖金融产品与服务、绿色金融、金融数据、金融安全、支付清算、金融科技和金融监管等领域。

2021 年 11 月 23 日，商务部印发《"十四五"对外贸易高质量发展规划》（以下简称《规划》）。

《规划》指出，充分发挥中国国际进口博览会国际采购、投资促进、人文交流、开放合作四大平台功能，实现越办越好。继续办好中国进出口商品交易会，进一步提升国际化、专业化、市场化、信息化水平。更好发挥中国国际服务贸易交易会、中国国际高新技术成果交易会、中国国际消费品博览会、中国国际投资贸易洽谈会等在各自领域的展会平台作用。打造一批双边区域性展会平台。支持各地培育一批地区性展会平台。

参考文献

［1］北京市商务局：北京市"十四五"时期会展业发展规划。http://sw.beijing.gov.cn/zwxx/fzgh/ndgh/202204/t20220429_ 2698269.html.

［2］施昌奎、王鹏：北京国际交往中心发展报告（2019），《北京"四个中心"建设背景下发展会展经济的机遇与挑战》，社会科学文献出版社2019年版，第117-131页。

［3］中国会展经济研究会：2021年度中国展览数据统计报告。http://www.cces2006.org/index.php/home/index/detail/id/15380.

［4］池梦蕊：北京顺义：打造国际消费新地标百万平米千亿商圈引关注！http://bj.people.com.cn/n2/2022/0826/c82838-40097927.html.

［5］吴卫群：装修材料、纸质宣传材料浪费惊人，绿色展览之都离我们有多远？https://www.jfdaily.com/news/detail?id=50200.

［6］北京市旅游局、北京市发展和改革委员会：北京市"十三五"时期旅游和会展业发展规划。http://fgw.beijing.gov.cn/fgwzwgk/zcgk/ghjhwb/wnjh/202204/t20220413_ 2676173.htm.

［7］陈国庆、方子强、古月、华艺嘉：创新驱动会展业高质量发展的实现路径研究，《商展经济》2020年第8期，第10-12页。

［8］刘海莹：奖励资金已不再是会展政策首位要求，《中国会展（中国会议）》2022年第14期，第13页。

［9］北京"两区"建设服务全国新发展格局，《新理财》2022年第6期，第38-39页。

［10］张旭：新经济形势下会展人才体系的构建，《全媒体探索》2022年第7期，第93-94页。

［11］鲁怡婷、张嫚琳、贾明雨：大型展会活动知识产权保护现状及对策研究，《中国集体经济》2022年第15期，第100-102页。

［12］陈国庆、方子强、古月、华艺嘉：创新驱动会展业高质量发展的实现路径研究，《商展经济》2020年第8期，第10-12页。

［13］陈泽炎：2018：中国会展业"高质量发展"之年，《中国对外贸易》2018年第2期，第64-66页。

［14］储祥银：中国会展业稳中求进迈入高质量发展阶段，《中国会展》2021年第11期，第20页。

［15］姜增伟：后疫情时代，会展旅游该如何发展，《中国会展》2021年第21期，第40页。

［16］李柯瑶：数字化改革助推会展业高质量发展研究，《商展经济》2021年第21期，第4-6页。

［17］李萍、高凌江：新冠肺炎疫情对会展业的影响及发展策略，载李小牧、李嘉珊、王丽《中国国际服务贸易发展报告（2021）》，社会科学文献出版社2021年版，第103-114页。

［18］黎新伍、徐书彬：基于新发展理念的农业高质量发展水平测度及其空间分布特征研究，《江西财经大学学报》2020年第6期，第78-94页。

［19］裴超：新时期新价值　强化价值属性推动会展业高质量发展，《中国会展》2022年第11期，第32-36页。

［20］史丹、赵剑波、邓洲：推动高质量发展的变革机制与政策措施，《财经问题研究》2018年第9期，第19-27页。

［21］赵剑波、史丹、邓洲：高质量发展的内涵研究，《经济与管理研究》2019年第11期，第15-31页。

［22］朱光耀：积极推进中国会展业高质量发展，《中国会展》2019年第13期，第31页。

［23］刘泓：《文化创意产业十五讲》，四川大学出版社2012年版，第244页。

［24］曹卫东：《霍克海默集》，上海远东出版社2004年版，第223页。

［25］习近平：把中国文明历史研究引向深入　增强历史自觉坚定文化自信，《求是》2022年第14期。

［26］田蕾："一带一路"背景下首都文化"走出去"的路径选择，《市场论坛》2018年第10期，第68-72页。

[27] 周刚志、王星星："文化强国"目标下的文化产业政策导向与选择,《湖南大学学报》2022 年第 1 期,第 123-131 页。

[28] 蓝庆新、窦凯:美欧日数字贸易的内涵演变、发展趋势及中国策略,《国际商务》2019 年第 6 期,第 48-54 页。

[29] [美] 罗纳德·H. 科斯:《论经济学和经济学家》,罗君丽、茹玉璁译,上海人民出版社 2010 年版,第 78-90 页。

[30] 会议研究院,DRCEO:《中国会展主办机构数字化调研报告(2022)》,2022 年 4 月 18 日。https://baijiahao.baidu.com/s?id = 1730429 928402721176.

[31] UFI The Global Association of the Exhibition Industry:Global Recovery Insights 2021-The road to recovery,2022 年 4 月。https://www.ufi.org/ archive-research/global-recovery-insights-2021-the-road-to-recovery/.

[32] UFI The Global Association of the Exhibition Industry:The Global Exhibition Barometer (February 2022),2022 年 2 月。https://www.ufi.org/ar-chive-research/the-global-exhibition-barometer-july-2022/.

[32] 陈辰:科技赋能展览行业加速拥抱数字化,《中国商报》2022 年第 5 期。

[33] 楚有才:融合会展国际国内发展新趋势,2022 年 1 月 4 日。ht-tps://zhuanlan.zhihu.com/p/453078485.

[34] 葛浩然、张瀚文、葛欣然、郑蕾娜:数字赋能下我国会展业战略效用提升机制研究,《商展经济》2022 年第 10 期,第 1-4 页。

[35] 李军燕、李欣诺、周乘风、方子强:数字经济背景下会展业转型升级研究,《商展经济》2020 年第 7 期,第 17-20 页。

[36] 励展博览集团:COVID-19 及其如何改变会展业,2021 年 1 月。https://www.reedexpo.com.cn/zh-cn/press-media/COVID-White-Paper.html.

[37] 梁增贤、罗秋菊、郑雅馨、刘大可、褚玉静、张宏梅、王春雷、杨征、胡兵、戴光全:"新经济格局和数字技术下的会展业变革"系列笔谈,《旅游论坛》2021 年第 5 期,第 69-84 页。

[38] 孟凡新:产业数字化视角下推动会展服务业转型发展的策略探讨,《时代经贸》2021 年第 10 期,第 86-89 页。

[39] 裴超:数"展"新经济——数字经济对会展业发展带来的影响,

《中国会展》2021年第15期，第10页、第28-33页。

［40］杨正：从展览2.0到展览3.0，数据是核心，2022年4月22日。https://www.31huiyi.com/newslist_ article/article/2212466049/.

［41］彭科：政府主导型展会宣传推广策略探析，《中国经贸》2017年第7期，第32-33页。

［42］李敏敏：《设计展览与创意城市》，中国建筑工业出版社2014年版。

［43］朱永润：打造政府主导型品牌展会——中国品牌展会圆桌会侧记，《中国会展》2018年第11期，第50-53页。

［44］郭昕：基于需求分析的京津冀地区会展人才培养构想，《理论观察》2018年第1期，第88-90页。

［45］孟凡新：产业数字化视角下推动会展服务业转型发展的策略探讨，《时代经贸》2021年第10期，第86-89页。

［46］徐娜：应用型人才培养视角下会展教育问题与对策，《绿色科技》2020年第1期，第244-245页、第250页。

［47］张旭：新经济形势下会展人才体系的构建，《全媒体探索》2022第7期，第93-94页。

［48］中国会展经济研究会：《2021年度中国展览数据统计报告》。

［49］中国会展经济研究会：《2020年度中国展览数据统计报告》。

［50］中国国际贸易促进委员会：《2021中国展览经济发展报告》。

［51］全球展览业协会：《UFI全球会展行业晴雨表》。

［52］《中共北京市委关于制定北京市国民经济和社会发展第十四个五年规划和2035年远景目标的建议》。

［53］北辰会展经济研究院：《2020年中国北京国际科技产业博览会评估报告》，2020年10月。